Hans-Ruprecht Leiß
Christian Bind

Zart und wild
Vildt og sart

Ein deutsch-dänisches
Wild-Kunst-Kochbuch
En dansk-tysk
Vildt-kunst-kogebog

Edition Naturlife

Zart und wild

Köstliche Wildrezepte

von Christian Bind

mit Bildern von

Hans-Ruprecht Leiß

Vildt og sart

Herlige vildtopskrifter

af Christian Bind

med billeder

af Hans-Ruprecht Leiß

Wir danken dem Schleswig-Holsteinischen Zeitungsverlag sh:z
als Medienpartner.

Impressum

Hans-Ruprecht Leiß
Christian Bind
Zart und wild
Vildt og sart

Edition Natur*life*

© by DSV-Verlag GmbH,
Gründgensstraße 18, D-22309 Hamburg

Buchgestaltung: Horst Bartels

Dänische Übersetzung: Maren Clausen

Dänische Texte:
Anke Schulze-Dethleffsen

Druck: Harry Jung, Flensburg
1. Auflage 2003

ISBN: 3-88412-406-4

Wild und Kunst

„Was für eine verteufelte Beschäftigung ist eigentlich die Jagd?"
Diese Frage stellte sich nicht nur der große spanische Kulturphilosoph
José Ortega y Gasset (1883 - 1955). Die Frage stellt sich vielen Menschen.
Es sind solche wie ich. Sie essen Fleisch, aber nur schön abgehangen,
sauber filetiert und von solchem Zustand, dass ein Messer zum Zerschneiden
des innen rosa gehaltenen Genuss-Stückes kaum vonnöten ist.
Jede Spur der Gewalt soll den Gedanken bei Tisch fern bleiben.
Ja, auch jede Erinnerung an die Herkunft und Lebensweise des zur
Verspeisung zerlegten Körpers. Seine Einzelteile haben sich wie ein
abstraktes Gemälde so weit vom Ursprünglichen entfernt, dass wir
mühelos an etwas anderes denken können, als an das Geschöpf,
dem wir die Stärkung verdanken.
Jäger gönnen sich diese Abstraktion nicht. Sie töten, was sie verspeisen
wollen. Sie tun es mit Bedacht, mit Wissen und Aufwand an Hege und Pflege
der Reviere, in denen ihre „Opfer" ein artgerechtes Leben bis zum Schuss
haben, der sie (meist) schmerzlos und schnell tötet.
Die Jagd, so Ortega y Gasset, ist eine „vielleicht seltsame, aber doch tief
und dauernd im Wesen des Menschen begründete Begierde". Gerade für den
modernen Menschen, der verführt wird, sich gedankenlos zu ernähren,
kann die Jagd – so Ortega y Gasset – eine beglückende, weil elementare
und mit der Natur im Einklang stehende Betätigung sein.
Von dieser Harmonie handelt das vorliegende Kunst-Koch-Buch. Mit seinen
humorvollen, doch vor allem dem Humanen verpflichteten Zeichnungen von
Hasen und Rehen, von Wildschweinen, Enten und Füchsen, von Kaninchen
und Auerhähnen führt Hans-Ruprecht Leiß in die (vielen Nicht-Jägern
fremde) Welt des Einklangs, in der der Mensch Gefährte und Feind der
Tiere ist.
Leiß gibt den gejagten Tieren Kleidung und Utensilien der Jäger – er
verbrüdert sie, spielt mit der Wechselhaftigkeit der Macht des Schicksals,
die mal der eine, mal der andere hat. Eine Welt im Gleichgewicht, die sich
nicht flüchtet in Abstraktionen und Verdrängungen.
Hier wird umgegangen mit dem ewigen Kreislauf von Leben und Tod, vom
Leben durch den Tod. Ein barockes Moment von überschwänglichem Lebens-
glück und bitterer Todes-Erkenntnis schwingt in den Leiß-Zeichnungen mit.
Vor allem aber ein vehementes Bekenntnis zum Glück, zum Genuss.
Ein Genuss mit Wissen um die Speisen, um ihre Herkunft und Güte.
Doch Wild zu essen ist mehr als nur Genuss und Sättigung. Es kann das
Bewusstsein für Schöpfung wecken. Der nicht selten große Aufwand,
den ein vorzügliches Wildgericht erfordert, ist der Beitrag des Koches,
der um die Kostbarkeit des Fleisches weiß, das ihm der Jäger gebracht hat.
Unnötig hier auf die Qualitäten eines Ausnahme-Koches wie Christian Bind
einzugehen. Sein Wissen um Reh, Hase und Ente, seine Sorgfalt verlangenden
Rezepte machen les- und nachkochbar, wie gewissenhaft ein guter
Koch mit Wildbret umgehen muss, um am Ende ein vorzügliches Mahl
servieren zu können. Eines, das nichts vergessen lässt – schon gar nicht,
woher das Fleisch kommt.

Vildt og kunst

Hvilken fordømt beskæftigelse er det egentlig at jage? Samme
spørgsmål stillede ikke kun den berømte spanske kulturfilosof
José Ortega y Gasset (1883 – 1955). Mange mennesker gør det.
De er som jeg. De spiser kød, men kun tilpas velhængt, rent, fileteret og
i en sådan tilstand, at en kniv næppe er nødvendig for at gennemskære
den indvendigt lyserøde nydelse.
Ethvert spor af vold skal holdes borte fra tankerne ved bordet. Ja, endda
også enhver tanke om den parterede krops oprindelse og levevis. Dens
enkeltdele har, ligesom et abstrakt billede, fjernet sig så meget fra den
oprindelige tilstand, at vi uden besvær kan tænke på noget andet end
den skabning, som vi skylder styrkelsen.
Jægerne under sig ikke denne abstraktion. De dræber det, de vil spise.
De gør det med eftertanke, med viden om opbydelsen af røgt og pleje af
jagtdistrikterne, hvor deres „ofre" lever et naturligt liv. Indtil skuddet
rammer dem. Skuddet dræber dem (for det meste) hurtigt og uden
smerter.
Jagten er, som Ortega y Gasset siger, „et måske underligt, men dog dybt
og bestandigt i mennesket begrundet begær".
Især for det moderne menneske, der forføres til at ernære sig uden
omtanke, kan jagten være – mener Ortega y Gasset – en lyksaliggørende,
elementær beskæftigelse i overensstemmelse med naturen.
Den foreliggende kunst-koge-bog handler netop om denne harmoni.
Med sine humorfyldte, dog især humanistisk forpligtende tegninger af
harer og rådyr, af vildsvin, ænder og ræve, af kaniner og tjurer fører
Hans-Ruprecht Leiß læseren ind i en for ikke-jægere fremmed verden af
samklang, hvori mennesket er såvel ven som fjende af dyrene. Leiß giver
de jagede dyr krop og jægerne rekvisitter, han forbrødrer sig med
skæbnens omskiftelige magt, der en gang træffer den ene, en anden
gang den anden.
En verden i ligevægt, som ikke flygter ind i abstraktioner og fort-
rængninger. Her omgås med det evige kredsløb af liv og død og liv
gennem død. Et barokt moment af eksalteret livslykke og bitter dødser-
kendelse svinger med i Leiß-tegningerne.
Dog især med en stærk bekendelse til lykken, til nydelsen.
En nydelse med viden om maden, dens oprindelse og kvalitet.
Dog at spise vildt er mere end at nyde og blive mæt. Det kan vække
bevidstheden om skabelsen. Den ikke sjældent store opbydelse, som en
fremragende vildtret kræver, er kokkens bidrag. Han værdsætter det kød,
som jægeren har bragt til ham.
Det er unødvendigt at gå ind på kvaliteten af en usædvanlig kok som
Christian Bind. Hans viden om rådyr, harer og ænder, hans opskrifter,
der kræver stor omhu, viser både ved gennemlæsningen som ved
efterprøvningen, hvor samvittighedsfuldt en god kok må omgås med
vildt for sluttelig at kunne servere et fortræffeligt måltid.
Et måltid som intet lader være glemt, allermindst hvor kødet kommer
fra.

Michael Stitz
Ressortleiter Kultur beim Schleswig-Holsteinischen Zeitungsverlag (sh:z)

Inhalt

Rehschulter mit glasierten Perlzwiebeln	8
Rehrückencrepinetten mit Apfel-Balsamico-Soße	10/11
Rehmedaillon mit Pilzkruste und Birnen-Balsamico-Soße	12
Hasenrücken à la Creme	13
Hasenrücken mit pochierter Birne in Portwein und Pfeffersoße	15
Paupietten aus Hasenkeulen mit Pfifferlingen	16
Gefüllte Wildtaube mit Pfifferlingen und Schwarzwurzeln	16
Gefüllte Wildtaubenbrust mit Topinamburkompott, Trompetenpilzen und Banyulssoße	17
Lebermousse aus Wildtauben mit Croûtons und frischem Salat	19
Rebhuhnkotelett mit Pilzgratin und Weintrauben	22
Gefülltes Rebhuhn mit Weintrauben	25
Fasanencreme mit Esskastanien	28
Gebratener Fasan mit Steinpilzen (Karl Johan)	29
Gefüllte Wachtel mit Pilzrisotto und Salbei	30
Linsenvelouté mit leicht gesalzener Wachtel und pochierten Wachteleiern	32
Olivengratinierte Wachtel mit Tomaten-Olivensoße und Spinat	33
Hausgemachte Wildentenwürstchen auf Linsenboden und Morchelcreme	34
Wildenten mit Brombeersoße	37
Cremesuppe mit Kräutern aus dem eigenen Garten	38
Wildconsommé	40
Wildschweinmedaillon mit Pfifferlingen	41
Wildschwein mit Preiselbeeren und Äpfeln	42
Wildschweinkeule mit Wacholderbeeren und Esskastanienpüree	45
Wildschweinkotelett Sankt Hubertus	48
Pastete aus Wildkaninchen	49
Wildkaninchen in Senfsoße und Madeira	51
Gedämpftes Damwildfilet mit Basilikum und Schalottenzwiebelbutter	52
Damwildmedaillon mit Tannenhonigsoße	55
Damwildsteak mit exotischen Kräutern	56
Filet vom Rothirsch mit Sellerie und Kürbis	58
Rothirschrücken mit Kirschen	59
Wildentenbrust mit Brombeeren und Steinpilzen (Karl Johan)	60/61
Beilagen, Soßen und Fonds	62-67
Kleines Küchenlexikon	68
Vita Hans-Ruprecht Leiß	70
Vita Christian Bind	71
Über die Passion	72
Die Bilder	79

Inholt

Dyrebov med glaserede perleløg	8
Dyrecrépinette af rådyr med æble-balsamicosauce	10/11
Dådyrmedaillon med svampeskorpe og pære-balsamicosauce	12
Hareryg à la creme	13
Hareryg med pocheret pære i portvin	15
Paupiette af harekølle og kantareller	16
Fyldt skovdue med kantareller og skorzonerrødder	16
Fyldt skovduebryst med jordskokkompot, trompetsvampe og banyulsauce	17
Levermousse af skovdue med croûtons og frisk salat	19
Agerhønekotelet med svampegratin og vindruer	22
Fyldt agerhøne med vindruer	25
Fasancreme med kastanier	28
Stegt fasan med Karl Johan svampe	29
Fyldt vagtel med svamperisotto og salvie	30
Linsevelouté med sprængt vagtel og pocheret vagtelæg	32
Olivengratineret vagtel med tomat-olivensauce og spinat	33
Hjemmelavet andepølse på bund af linser og morkelcreme	34
Vildænder med brombærsauce	37
Cremesuppe med krydderurter fra egen have	38
Vildtconsommé	40
Vildsvinemedaillon med kantareller	41
Vildsvin med tyttebær og æbler	42
Vildsvinekølle med enebær og kastaniepuré	45
Vildsvinekotelet Sankt-Hubertus	48
Postej af vildkanin	49
Vildkanin i sennepsauce og madeira	51
Dampkogt dådyrfilet med basilikum og skalotteløgsmør	52
Dådyrmedaillon med granhonningsauce	55
Dådyrsteak med eksotiske krydderier	56
Filet af krondyr med selleri og græskar	58
Dyreryg af krondyr med kirsebær	59
Vildandebryst med brombær og Karl Johan svampe	60/61
Bilag, saucer og fonds	62-67
Et lille køkkenleksikon	68
Om Hans-Ruprecht Leiß	70
Om Christian Bind	71
Om passionen	72
Billederne	79

Rehschulter mit glasierten Perlzwiebeln

für 4 Personen

Zutaten
    500 g Rehschulter
    Olivenöl
    1/2 gehackte Zwiebel
    1 Knoblauchzehe
    1 Möhre
    etwas Petersilie
    etwas Thymian
    1/2 l Rotwein
    1/2 l Wasser
    Salz und Pfeffer
    50 g Butter
    4 Platten Strudelteig (25 x 25)
    4 Essl. Pilzduxelle

Glasierte Perlzwiebeln
    20 enthäutete Perlzwiebeln
    1 Teel. Zucker
    60 g Butter
    1/2 l Wasser
    Salz und Pfeffer

Zubereitung
1. Das Fleisch im Topf bräunen.
2. Zwiebel, Knoblauch, Möhre, Thymian und Petersilie hinzufügen.
3. Bei schwacher Hitze ca. 1 Min. dämpfen.
4. Den Rotwein dazugießen und etwas einkochen.
5. Wasser, Salz und Pfeffer hineingeben.
6. Den Topf mit Deckel in den Ofen stellen und die Rehschulter bei 180° ca. 2 Std. braten, bis sie mürbe ist.
7. Das Fleisch herausnehmen und die Soße bis auf die Hälfte herunterkochen.
8. Die Soße seien, abschmecken und mit Butter aufschlagen.
9. Das Rehfleisch vom Knochen lösen und in kleine Stücke schneiden.
10. Die Strudelplatten auf dem Tisch ausbreiten und das Fleisch in der Mitte platzieren.
11. Abschließend eine Lage Pilzduxelle obenauf geben.
12. Den Teig um die Masse einschlagen und mit einem Zahnstocher befestigen.
13. Die Strudelteigtaschen auf ein Blech legen und bei 200° ca. 15 Min. backen.

Glasierte Perlzwiebeln
    Die Zwiebeln, Zucker, Butter, Wasser, Salz und Pfeffer in einen Topf geben und köcheln lassen, bis die Flüssigkeit verdampft ist, so dass die Zwiebeln glasiert sind.

Anrichten
    Den Strudel auf einen Teller legen und die glasierten Perlzwiebeln ringförmig um den Strudel geben.

Dyrebov med glaserede perleløg

4 personer

500 g dyrebov
olivenolie
1/2 hakket løg
1 fed hvidløg
1 gulerod
lidt persille
lidt timian
1/2 l rødvin
1/2 l vand
salt og peber
50 g smør
4 plader struldeldej (25x25)
4 spsk svampeduxelle

Glaserede perleløg
20 stk. pillede perleløg
1 tsk sukker
60 g smør
1/2 l vand
salt og peber

Kom perleløg, sukker, smør, vand, salt og peber i en lille gryde. Læg bagepapir over gryden og småkog løgene til væsken er kogt helt ind, så løgene bliver glaseret.

Dyrebov
Brun kødet i en gryde. Tilsæt løg, hvidløg, gulerod, timian og persille. Damp det ved svag varme i 1 min. Hæld rødvin i og kog det lidt ind. Tilsæt vand, salt og peber. Sæt gryden i ovnen med låg på og steg dyreboven ved 180 grader i ca. 2 timer. Den skal være mør. Tag kødet op, kog saucen ind til det halve. Sigt saucen, smag den til og monter den med lidt smør. Skær kødet fra benet og skær det i små stykker. Læg struldeldejspladerne på bordet og placer kødet i midten af dejen. Afslut med en skefuld svampeduxelle. Pak dejen rundt om og fastgør den med en tandstik. Læg pakkerne på en bageplade og bag dem i ovnen ved 200 grader i ca. 12-15 min.

Anretning
Anret strudlen på en tallerken, placer løgene rundt om. Gør det samme med saucen.

Wein/Vin
Chateauneuf-du-Pape

Rehrückencrepinetten mit Apfel-Balsamico-Soße

für 10 Personen

Zutaten
2,5 kg Rehrücken
200 g Pilzduxelle
ca. 3 Bund Spinat
ca. 250 g Fettnetz
250 g Geflügelhack aus:
200 g Putenbrust
2 dl Sahne, 2 Eiweiß
Salz und Pfeffer

Apfel-Balsamico-Soße (Zubereitung 12 Stunden vorher)
die Knochen vom Rehrücken
1 l Rotwein
2 fein gehackte Möhren
1 fein gehackte Knoblauchzehe
1 fein gehackte Zwiebel
1 in Ringe geschnittener Porree
50 g fein gehackter Sellerie
2 Zweiglein Thymian
2 Zweiglein Petersilie
1 l Wasser
2 Äpfel
3 Schalotten
Olivenöl
2 dl Apfelbalsamico
2,5 dl Rotwein
2,5 dl Demi Glace
100 g Butter

Zubereitung
1. Das Putenfleisch zusammen mit Salz und Pfeffer ca. 1 Min. im Standmixer zerhacken.
2. Eiweiß hinzufügen und alles gut vermengen.
3. Die Sahne nach und nach dazugeben, die Masse ca. 2 Min. zu einer glatten Masse mixen.

Rehrückencrepinetten
1. Die Rehrücken putzen und evtl. Häute entfernen.
2. Mit Haushaltsrolle trocken tupfen.
3. Das Fleisch vom Knochen lösen und dann in 100 g große Medaillons schneiden.
4. Mit Salz und Pfeffer einreiben.
5. Die Filets in einer Pfanne 1-2 Min. auf jeder Seite braten und dann aus der Pfanne nehmen.
6. Den Spinat gründlich waschen und die groben Stiele entfernen, dann 3 Min. in leicht gesalzenem Wasser blanchieren.
7. Zum Abtropfen in ein Sieb geben.
8. Mit Salz und Pfeffer abschmecken.
9. Eine kleine Tasse mit Fettnetz auskleiden. Den Spinat auf den Boden der Tasse legen.
10. Das Pilzduxelle draufgeben und als Abschluss ein Rehmedaillon.
11. Das Netz zusammenfalten.
12. Rehrückencrepinetten auf der flachen Seite in der Pfanne bräunen, dann in den Backofen geben und bei 180° ca. 8 Min. backen.

Apfelbalsamico
1. Die Rehrückenknochen in kleine Stücke zerhacken und in eine Schüssel legen.
2. Rotwein, Möhren, Knoblauch, Zwiebel, Porree, Sellerie, Thymian und Petersilie darüber geben.
3. 12 Stunden ziehen lassen.
4. Die Knochen herausnehmen und in einer Pfanne kräftig bräunen.
5. Den Rotwein zusammen mit dem Gemüse, den Kräutern und dem Wasser darüber geben.
6. Den Fond bis auf 1/2 l herunterkochen und dann durch ein feines Sieb seien.
7. Die Äpfel und die Schalotten in grobe Stücke schneiden und in Öl dämpfen.
8. Ca. 2 dl Apfelbalsamico und 2,5 dl Rotwein hinzufügen und bis auf 3 dl herunterkochen.
9. Den Fond dazugießen und bis auf ca. die Hälfte durch Kochen schwinden lassen.
10. Demi Glace dazugeben und die Soße köcheln lassen, bis eine passende Konsistenz erreicht ist.
11. Die Soße durch ein sehr feines Sieb seien (oder durch ein Geschirrhandtuch).
12. Die Butter unter kräftigem Aufschlagen nach und nach hinzufügen.
13. Zum Schluss mit Salz und Pfeffer abschmecken.

Anrichten
Die Crepinetten halbieren und aufrecht auf die Teller stellen. Die Soße ringförmig um die Crepinetten garnieren. Mit Blätterteigkartoffeln servieren.

Wein/Vin
Côtes du Rhônes

Dyrecrépinette af rådyr med æble-balsamicosauce

10 personer

2,5 kg dyreryg
200 g svampeduxelle
250 g fjerkræfars
ca. 3 bundter spinat
ca. 250 g svinenet
salt, peber

Fjerkræfars
200 g kalkunbryst
2 dl fløde
2 æggehvider
salt og peber

Hak kødet med salt og peber i en blender i ca. 1 min. Tilsæt æggehviderne og blend dem omhyggeligt. Hæld fløde i lidt efter lidt og blend det hele i ca. 2 min. til en glat masse.

Crépinette
Afpuds kødet og fjern evt. hinder. Tør det med papir fra køkkenrullen. Skær kødet fra ryggen. Skær fileten i medaillons à 100 g. Gnid dem med salt og peber. Brun kødet på en pande. Steg det ca. 1-2 min. på hver side. Tag kødet op. Skyl spinaten grundigt og nip de groveste stilke af. Blancher spinaten i 3 min. i kogende letsaltet vand. Hæld den til afdrypning i en sigte. Smag spinaten til med salt og peber. Tag en lille kop og beklæd den med et stykke svinenet. Læg spinaten på bunden. Kom svampeduxelle, fjerkræfars og til sidst et stykke dyremedaillon ovenpå. Fold nettet sammen. Tag crépinetten op af koppen og brun den på den flade side. Steg den færdig i ovnen ved 180 grader i ca. 8 min.

Æble-balsamicosauce
dyreryggens ben
1 l rødvin
2 finthakkede gulerødder
1 finthakket fed hvidløg
2 finthakkede løg
1 porre skåret i ringe
50 g finthakket selleri
2 kviste timian
2 kviste persille
1 l vand
2 æbler
3 skalotteløg
olivenolie
2 dl æblebalsamico
2,5 dl rødvin
2,5 dl demi glace
100 g smør

Hak rådyrryggens ben i små stykker og læg dem i en skål. Hæld rødvin, gulerod, hvidløg, løg, porre, selleri, timian og persille over. Lad det trække i ca. 12 timer. Tag benene op og brun dem kraftigt i en gryde. Hæld rødvin sammen med grønsager og krydderurter og vand i. Kog fonden ind til 1/2 l. Sigt fonden gennem en meget fin sigte.
Skær æbler og skalotteløg i grove stykker. Damp dem i olie. Tilsæt ca. 2 dl æblebalsamico og 2,5 dl rødvin. Kog det ind til ca. 3 dl. Hæld fonden i og lad det koge ind til ca. det halve. Tilsæt demi glace og småkog saucen til den har en passende konsistens. Sigt saucen gennem en meget fin sigte eller gennem et viskestykke. Tilsæt smørret lidt efter lidt. Pisk hele tiden kraftigt. Smag saucen til med salt og peber.

Anretning
Halver en crepinette og stil stykkerne oprejst på en tallerken. Hæld saucen rundt om. Server retten med butterdejskartofler.

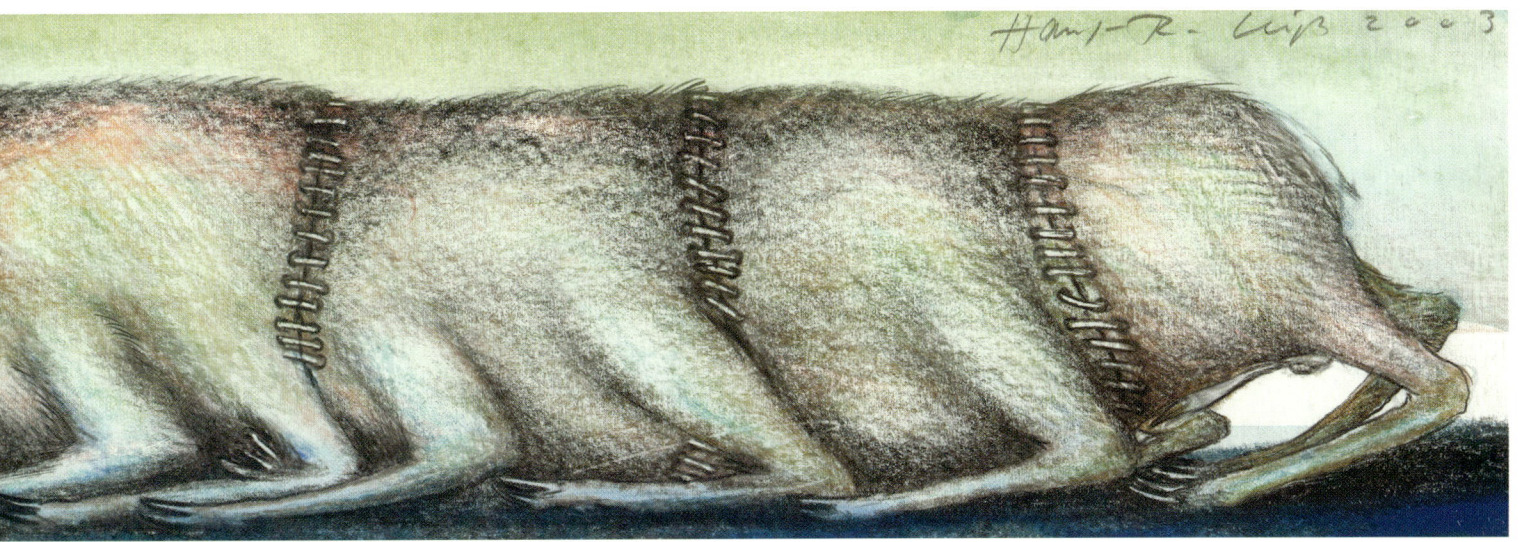

Rehmedaillon mit Pilzkruste und Birnen-Balsamico-Soße
für 4 Personen

Zutaten
600 g geputztes Rehfilet
300 g Fettnetz
2 dl Olivenöl
1 Hähnchenbrust
3 dl eiskalte Sahne
300 g gemischte Pilze – Pfifferlinge, Austernpilze, Steinpilze
Salz und Pfeffer

Soße
2 dl brauner Kalbsfond
2 fein gehackte Birnen
2 dl Balsamico
2 fein gehackte Möhren
1 Knoblauchzehe
1 Zweiglein Thymian
5 Pfefferkörner
50 g Butter
Salz und Pfeffer

Zubereitung

Hähnchenbrusthack
1. Die Hähnchenbrust vom Knochen lösen und in kleine Stücke schneiden.
2. Die Würfel zusammen mit der Sahne in einem Stabmixer zu einer glatten Masse verarbeiten.
3. Die Pilze grob hacken und in einer Pfanne 5 min rösten, dann kalt stellen.
4. Die kalten, zerkleinerten Pilze in das Hack geben.

Rehmedaillon
1. Das Fettnetz auf einem Tisch ausbreiten.
2. Das Hack über die ganze Fläche verteilen.
3. Das Rehfilet darauf legen und sorgfältig einrollen. Evtl. noch ein weiteres Stück Fettnetz verwenden um die Form zu halten.
4. Das eingerollte Filet in einer Pfanne bräunen, bis es hellbraun ist, danach bei 200° 12-14 Min. im Backofen garen.
5. Das Filet 15 Min. ruhen lassen und dann in 4 gleich große Teile schneiden.

Birnen-Balsamico-Soße
1. Die Butter in einem Topf schmelzen.
2. Die Birnen mit Zwiebeln, Möhren, Knoblauch, Thymian und Pfefferkörnern dämpfen.
3. Den Balsamico hinzufügen und auf die Hälfte herunterkochen.
4. Die Soße durchseien und allmählich mit Butter ausschlagen.
5. Mit Salz und Pfeffer abschmecken.

Anrichten
Ein Stück Rehmedaillon aufrecht auf einen Teller stellen.
Die Soße ringförmig um das Medaillon geben.
Mit Spätzle servieren.

Dådyrmedaillon med svampeskorpe og pære-balsamicosauce
4 personer

600 g afpudset dyrefilet
300 g svinenet
2 dl olivenolie
1 stk. fjerkræbryst (f. eks. fra ung hane)
3 dl iskold fløde
300 g diverse svampe – kantareller, østershatte, rørhatte
salt og peber

Mousselinefars
Løs kødet fra fjerkræets brystben og skær det i mindre stykker. Blend kødet og fløden til en glat masse. Smag den til med salt og peber. Hak svampene groft og rist dem på en pande i ca. 5 min. Sæt svampene koldt. Vend dem i farsen.

Dyremedaillon
Bred svinenettet ud på bordet og fordel svampemassen over det hele. Læg fileten ovenpå og pak den omhyggeligt ind. Tag evt. et ekstra stykke svinenet for at holde på formen. Brun pakken på en varm pande, til den får en lysebrun farve og steg den færdig i ovnen ved 200 grader i 12-14 min. Tag pakken op og lad den hvile i 15 min. Skær fileten i 4 lige store stykker.

Pære-balsamicosauce
2 dl brun kalvefond
2 finthakkede pærer
1 dl balsamico
2 finthakkede zittauerløg
2 finthakkede gulerødder
1 fed hvidløg
1 kvist timian
5 peberkorn
50 g smør
salt og peber

Smelt smørret i en gryde. Damp pæren med løg, gulerod, hvidløg, timian og peberkorn. Hæld balsamico i og kog det ind. Hæld kalvefond i og kog det ind til det halve. Sigt saucen og pisk smør i lidt efter lidt. Pisk hele tiden kraftigt. Smag saucen til med salt og peber.

Anretning
Stil et stykke dyrefilet oprejst på en tallerken, så mønstret bliver synligt. Hæld saucen rundt om og server det med Spätzle.

Wein/Vin
Côte Rotie

Hasenrücken à la Creme

für 4 Personen

Zutaten
- 2 Hasenrücken (Zubereitung 24 Std. vorher beginnen)
- 1/2 dl Olivenöl
- 5 Zweiglein Petersilie
- 1 Zwiebel in Scheiben geschnitten
- 2 Möhren in Scheiben geschnitten
- 3 Nelken
- 1 Flasche Rotwein
- 1 Essl. Senf
- 1/2 l Sahne
- etwas Paprika, Salz und Pfeffer

Zubereitung
1. Die Hasenrücken putzen und evtl. Häute entfernen. Mit Haushaltsrolle trocken tupfen. Das Fleisch in eine Schüssel geben.
2. Öl, Rotwein, Petersilie, Zwiebel, Möhren, Nelken, Paprika, Salz und Pfeffer hinzufügen und 24 Stunden ziehen lassen.
3. Die Hasenrücken herausnehmen und in einer Pfanne bräunen. Danach im Backofen bei 200° ca. 12 Min. garen, bis es rosig aussieht.
4. Das Fleisch im geschlossenen Ofen (evtl. in Alufolie gepackt) warm halten.
5. Das Fleisch vom Knochen lösen und die Filets kurz vor dem Servieren in schräge Streifen schneiden.

Soße
1. Die Marinade bis auf die Hälfte herunterkochen, Senf hinzufügen und Sahne hineingeben.
2. Die Soße köcheln lassen, bis sie eine passende Konsistenz hat. Dann seien und mit Salz und Pfeffer abschmecken.

Anrichten
Den Hasenrücken mit der Cremesoße auf einer Platte anrichten und mit Spätzle servieren.

Hareryg à la creme

4 personer

- 2 stk. hareryg
- 1/2 dl olivenolie
- 5 kviste persille
- 1 løg skåret i skiver
- 2 gulerødder skåret i skiver
- 3 nelliker
- 1 fl. rødvin
- 1 spsk sennep
- 1/2 l fløde
- lidt paprika
- salt og peber

Hareryg
Afpuds kødet og fjern evt. hinder. Tør det med papir fra køkkenrullen. Læg kødet i en skål. Hæld olie, rødvin, persille, løg, gulerod, nellike, paprika, salt og peber over og lad kødet trække i 24 timer. Tag det op og brun det på en pande. Steg derefter kødet i ovnen ved 200 grader i ca. 12 min., til det er lyserødt. Hold det varmt i den slukkede ovn, evt. indpakket i folie. Skær kødet fra ryggen og skær fileterne i skrå skiver lige inden serveringen.

Saucen
Kog marinaden ind til det halve, tilsæt sennep og hæld fløde i. Lad saucen småkoge, til den har en passende konsistens, sigt den og smag den til.

Anretning
Anret hareryggen sammen med cremesaucen på et fad og server det med Spätzle.

Wein/Vin
Côtes du Rhônes

Hasenrücken mit pochierter Birne in Portwein und Pfeffersoße
für 4 Personen

Zutaten
2 Hasenrücken
Olivenöl
4 Birnen
3 Pfefferkörner
1 Lorbeerblatt
1 Zimtstange
1 Essl. Zucker
2 dl Portwein
etwas Butter
Pfeffersoße (Sauce Poivrade)

Zubereitung

Pochierte Birne in Rotwein
(am Vortag mit der Vorbereitung beginnen)
1. Die Birnen schälen, halbieren und die Kernhäuser entfernen.
2. Den Portwein in einen Topf geben. Lorbeer, Pfeffer, Zimt und Zucker beimengen und aufkochen. Die Hitze reduzieren.
3. Die Birnen hineinlegen und dämpfen, bis sie mürbe sind.
4. Abkühlen lassen und 24 Stunden kalt stellen.

Hasenrücken
1. Den Rücken putzen, trocknen und in Olivenöl bräunen.
2. Den Rücken in eine feuerfeste Form legen und im Ofen bei 200° ca. 14 Min. braten, dann aus der Form nehmen und 15 Min. ruhen lassen.
3. Das Fleisch vom Knochen lösen, dann das Filet in lange Scheiben schneiden. Die Birnen aus dem Rotwein nehmen und in einer Pfanne etwas bräunen. 2 Essl. von der Rotweinmarinade hinzufügen und karamellisieren lassen.

Anrichten
Das Filet auf einen Teller legen. Etwas Sauce Poivrade darüber geben und mit den halben Birnen garnieren. Evtl. mit Spätzle servieren.

Hareryg med pocheret pære i portvin og sauce poivrade
4 personer

2 stk. hareryg
olivenolie
4 pærer
3 stk. peberkorn
1 laurbærblad
1 stk. hel kanel
1 spsk sukker
2 dl portvin
lidt smør (sauce poivrade)

Pocheret pære i rødvin
(dagen før)
Skræl pærerne og halver dem. Fjern kernehusene. Hæld rødvinen i en gryde. Tilsæt peber, laurbærblad, kanel og sukker. Lad det koge op. Skru ned for varmen. Læg pærerne i gryden og damp dem møre. Lad det afkøle og sæt det koldt.

Hareryg
Afpuds og tør kødet. Brun det i olie. Læg ryggen i et ildfast fad og steg den i ovnen ved 200 grader i ca. 14 min. Tag kødet op af fadet og lad det hvile i 15 min. Skær kødet fra ryggen og skær fileterne i lange skiver
Brun pærerne i lidt smør. Hæld 2 spsk rødvinsmarinade ved og lad det karamellisere.

Anretning
Læg kødet på en tallerken. Hæld lidt sauce poivrade over og garner tallerknen med halve pærer. Server evt. retten med Spätzle.

Wein/Vin
Rioja Grand Grianza

Paupietten aus Hasenkeulen mit Pfifferlingen
für 4 Personen

Zutaten
- 5 Hasenkeulen
- 500 g gereinigte Pfifferlinge
- 2 fein gehackte Schalotten
- 50 g fein gehackter Blattsellerie (Selleriegrün)
- 100 g fein gehackter Speck
- 1 fein gehackte Knoblauchzehe
- 1 dl Weißwein
- Butter
- etwas Schnittlauch
- Salz und Pfeffer
- 1/4 l Sahne

Zubereitung
1. Den Blattsellerie 2-3 Sek. in gesalzenem Wasser blanchieren.
2. Herausnehmen und zum Abkühlen in Salzwasser legen.
3. Das Fleisch von den Hasenkeulen lösen, Klarsichtfolie auf einem Tisch ausbreiten, das gelöste Fleisch von 4 Hasenkeulen darauf legen, mit Folie bedecken und zu flachen Scheiben klopfen (Rouladen).
4. Das Fleisch der fünften Keule klein schneiden und mit dem Speck, Knoblauch und Sellerie vermengen.
5. Die Mischung auf das bereitgelegte Keulenfleisch verteilen.
6. Die Rouladen zusammenrollen und mit Baumwollgarn umwickeln.
7. Butter in einem Topf schmelzen und die Paupietten bräunen, dann im Backofen bei 200° 15 Min. braten.
8. Die Paupietten aus dem Topf nehmen und warm halten. Vor dem Servieren das Baumwollgarn entfernen.
9. Pfifferlinge und Schalotten in den Topf geben und leicht bräunen. Den Weißwein hinzufügen und 5 Min. kochen.
10. Die Sahne hineingeben und weitere 5 Min. kochen. Mit Salz und Pfeffer abschmecken.

Anrichten
Die Paupietten auf 4 Teller legen und die Soße ringförmig um die Paupietten geben. Mit Nudeln servieren.

Paupiette af harekølle og kantareller
4 personer

- 5 stk. harekølle
- 500 g rensede kantareller
- 2 finthakkede skalotteløg
- 50 g finthakket bladselleri
- 100 g finthakket spæk
- 1 finthakket fed hvidløg
- 1 dl hvidvin
- smør
- lidt purløg
- salt og peber
- 1/4 l fløde

Blancher bladsellerien i vand og salt i 2-3 sek. Tag den op og læg den til afkøling i isvand.
Skær 4 stk. lårben fri af kødet. Læg kødet mellem to stykker film og bank dem let til flade skiver. Tag kødet fra det sidste lår. Skær det i små terninger og bland det sammen med spæk, hvidløg og selleri. Smag det godt til med salt og peber. Fordel blandingen på kødskiverne. Rul kødet sammen og bind bomuldsgarn om det. Smelt smørret i en gryde og brun paupietterne. Steg retten i ovnen ved 200 grader i 15 min. Tag kødet op og hold det varmt. Fjern bomuldsgarnet inden serveringen. Læg kantareller og skalotteløg i gryden og brun det let. Hæld hvidvin i. Kog det i 5 min. Hæld fløde i og kog det i yderligere 5 min. Smag saucen til med salt og peber.

Anretning
Læg paupietten på en tallerken og placer kantarellerne og saucen rundt om. Drys retten med hakket purløg. Serveres med nudler.

Wein/Vin
Barolloe

Gefüllte Wildtaube mit Pfifferlingen und Schwarzwurzeln

für 4 Personen

Zutaten
4 Wildtauben
4 Essl. Pilzduxelle
100 g Pfifferlinge
4 Schwarzwurzeln
1 gehackte Schalotte
1 Essl. gehackte Kräuter: Petersilie, Kerbel und Salbei
1/5 l Geflügelfond
50 g Butter, Salz und Pfeffer

Zubereitung
1. Die Wachteln säubern und die Schenkel abschneiden.
2. Die Brusthaut ein wenig lösen.
3. Mit einem scharfen Messer eine kleine Tasche unter der Brusthaut in das Brustfleisch schneiden.
4. Die Taschen mit Pilzduxelle füllen.
5. Die Haut wieder platzieren und mit Baumwollgarn annähen.
6. Das Brustfleisch und die Schenkel mit Salz und Pfeffer einreiben.
7. Die Tauben und die Schenkel auf eine feuerfeste Form legen und im Backofen bei 200° mürbe braten.
8. Das Brustfleisch vom Knochen lösen.
9. Die Pfifferlinge säubern.
10. Die Schwarzwurzeln schälen, in Streifen schneiden und kurz in Zitronenwasser blanchieren.
11. Danach in kaltes Wasser geben.
12. Die Schalotten in Butter dämpfen, bis sie glasig sind.
13. Pfifferlinge, Schwarzwurzeln und den Geflügelfond dazugeben.
14. Etwas einkochen, mit Salz, Pfeffer und Kräutern abschmecken.

Anrichten
Das Brustfleisch zusammen mit den Schenkeln auf einen Teller legen. Die Pfifferlingssoße und die Schwarzwurzeln garnieren.

Fyldt skovdue med kantareller og skorzonerrødder

4 personer

4 skovduer
4 spsk svampeduxelle
100 g kantareller
4 skorzonerrødder
1 hakket skalotteløg
1 spsk hakkede krydderurter: persille, kørvel, salvie
1/5 l fjerkræfond
50 g smør
salt og peber

Gør duerne i stand og skær lårene af. Løft lidt af brystets skind og skær to lommer i med en skarp kniv. Fyld lommerne med svampeduxelle. Læg skindet på plads igen hold sæt det fast med bomuldsgarn. Gnid bryst og lår med salt og peber. Læg duerne samt lårene på et ildfast fad, sæt dem i ovnen ved 200 grader og steg dem møre i 15 min. Skær kødet fra brystbenet. Rens kantarellerne. Skræl skorzonerrødderne, skær dem i strimler og blancher dem kort i lidt citronvand. Kom dem derefter i koldt vand. Damp skalotteløg i smør, til de er klare og tilsæt kantareller, skorzonerrødder og fjerkræfond. Kog det lidt ind, smag til med salt, peber og krydderurter.

Anretning
Læg brystkødet sammen med lårene på en tallerken. Placer kantarelsaucen og skorzonerrødderne rundt om.

Wein/Vin
Amarone

Gefüllte Wildtaubenbrust mit Topinamburkompott, Trompetenpilzen und Banyulssoße
4 Personen

Zutaten
200 g Topinambur, 100 ml Haselnussöl, 4 Waldtauben, Olivenöl, Salz und Pfeffer

Trompetenpilze
200 g Trompetenpilze, 30 g Butter, 20 fein gehackte Schalotten Salz und Pfeffer

Banyulssoße
die Gerippe von den Tauben, 1/2 Zwiebel, 1 Möhre, 1/2 Porree, etwas Sellerie, 1/2 Knoblauchzehe, 1 Zweiglein Thymian, 1 1/2 l Wasser, 30 g Butter, 4 gehackte Schalotten, 50 g fein gehackte Pilze, 3 dl Banyuls, 2 dl Demi Glace, Salz und Pfeffer

Zubereitung

Topinamburkompott
1. Die Topinambur waschen, bürsten und in 1 cm dicke Scheiben schneiden.
2. In eine Bratenpfanne legen, Haselnussöl darüber gießen und im Ofen bei 150° ca. 1 Stunde braten, dann herausnehmen und mit einer Gabel zu Mus zerdrücken. Mit Salz und Pfeffer abschmecken.

Gefüllte Waldtaubenbrüste
1. Das Brustfleisch sorgfältig vom Brustbein lösen.
2. Mit einem Messer vorsichtig eine kleine Tasche in jede Brust schneiden und mit dem Kompott füllen.
3. Öl in einer Pfanne wärmen. Das Brustfleisch hineinlegen und auf der Hautseite bräunen, umdrehen und mit Salz und Pfeffer bestreuen.
4. Im Backofen bei 200° 12 Min. braten, dann herausnehmen und warm halten.

Trompetenpilze
1. Butter, Pilze und Schalotten gleichzeitig in eine sehr heiße Pfanne geben und nur ein paar Sekunden braten.

Banyulssoße
1. Die Taubengerippe in einen Topf mit Wasser legen.
2. Zwiebeln, Porree, Möhre, Sellerie, Knoblauch und Thymian hineingeben.
3. 3 Std. köcheln lassen und dann bis auf die Hälfte herunterkochen.
4. Durch ein sehr feines Sieb seien.
5. Die Schalotten und die Pilze in einem Topf in Butter dämpfen.
6. Banyuls hinzufügen und einkochen.
7. Den Taubenfond hineingießen und dann zu einer passenden Konsistenz einkochen.
8. Demi Glace hineingeben und wiederum einkochen. Die Soße durchseien und mit Salz und Pfeffer abschmecken.

Anrichten
Die gefüllte Taubenbrust mit den Pilzen und dem Selleriepürree auf einen Teller geben und etwas Soße darüber gießen.

Fyldt skovduebryst med jordskokkompot, trompetsvampe og banyulssauce
4 Personer

Jordskokkompot
200 g jordskok
100 ml hasselnøddeolie
salt og peber

Vask og børst jordskokken og skær den i 1 cm tykke terninger. Læg dem i en bradepande. Hæld hasselnøddeolien over og småsteg terningerne i ovnen ved 150 grader i ca. 1 time. Tag dem op og mos dem med en gaffel. Smag kompotten til med salt og peber.

Fyldte skovduebryster
4 stk. skovduer, olivenolie, salt og peber

Skær skovduebrysterne omhyggeligt fra brystbenet. Tag en skarp kniv og skær forsigtigt en lomme i hvert bryst. Fyld dem med jordskokkompotten. Varm olien op i en pande. Læg skovduebrysterne i og brun dem på skindsiden. Vend dem om og drys salt og peber over. Steg dem i ovnen ved 200 grader i 12 min. Tag dem op og hold dem varme.

Trompetsvampe
250 g trompetsvampe, 30 g smør, 20 g finthakkede skalotteløg, salt og peber

Kom smør, svampe og skalotteløg samtidigt på en meget varm pande. Steg det kun i få sekunder.

Banyulssauce
skrogene fra duerne
1/2 løg, 1/2 gulerod, 1/2 porre
lidt selleri, 1/2 fed hvidløg
2 kviste timian
1 1/2 l vand
30 g smør
4 hakkede skalotteløg
50 g finthakkede svampe (evt. trompetsvampe)
3 dl banyuls
2 dl demi glace
salt og peber

Sæt skrogene over i vand. Tilsæt løg, gulerod, porre, selleri, hvidløg og timian. Småkog det i 3 timer og kog det ind til det halve. Sigt duefonden gennem en meget fin sigte. Tag en gryde og damp skalotteløg og svampe i smør. Hæld banyuls i og kog det ind. Tilsæt duefonden og kog det yderligere ind. Hæld demi glace i og kog det ind til den har en passende konsistens. Sigt det og smag saucen til med salt og peber.

Anretning
Placer en bund af svampe og en bund af selleripuré ved siden af hinanden på en tallerken. Læg 2 fyldte skovduebryster oven på hver bund. Hæld lidt af saucen over, resten serveres til.

Wein/Vin
Hermitage

Lebermousse aus Wildtauben mit Croûtons und frischem Salat
für 8 Personen

Zutaten
200 g in Würfel geschnittener weißer Speck
200 g Leber
3 Eigelbe
2 dl Sahne
2 cl Armagnac
1 Knoblauchzwiebel
Salz und Pfeffer
100 g Croûtons

Zubereitung
1. Die Leber gut spülen, Häute und Aderstämme entfernen.
2. Die Leber in große Würfel schneiden.
3. Im Standmixer zusammen mit dem Speck zerkleinern.
4. Eigelb, Sahne, Armagnac, Knoblauch, Salz und Pfeffer hineingeben und nochmals mixen.
5. Das Mousse durch ein feines Sieb seien und in eine Form geben.
6. Im Ofen bei 110° 45-60 Min. garen.
7. Das Mousse abkühlen lassen und kalt stellen.

Anrichten
Mit einem Esslöffel jeweils zwei Stücke ausstechen und auf einem Teller platzieren. Mit gutem Salat und Croûtons servieren.

Levermousse af skovdue med croûtons og frisk salat
8 personer

200 g hvid spæk skåret i terninger
250 g lever (due eller vildand)
3 æggeblommer
2 dl fløde
2 cl armagnac
1 fed hvidløg
salt og peber
100 g croûtons

Skyl leveren, fjern evt. hinder og årestammer. Skær leveren i store terninger. Blend dem med spæk i en foodprocessor. Tilsæt æggeblommer, fløde, armagnac, hvidløg, salt og peber og blend det en gang til. Rør moussen gennem en fin sigte og hæld den i en form. Bag den i ovnen ved 110 grader i 45-60 min. Lad den afkøle og sæt den koldt.

Anretning
Udstik 2 spsk levermousse og placer det på en tallerken. Serveres med en god salat og croûtons.

Wein/Vin
Cahors

Rebhuhnkotelett mit Pilzgratin und Weintrauben

für 4 Personen

Zutaten

    4 junge gerupfte Rebhühner
    4 Stk. Fettnetz (25 x 25)
    1/2 dl Armagnac, 12 Weintrauben (halbiert und ohne Kerne)
    2 dl Wildfumet
    50 g Butter
    100 g Austernpilze
    1 fein gehackte Schalotte

Pilzgratin

    200 g diverse Waldpilze (Trompetenpilze, Pfifferlinge, Steinpilze)
    1 große fein gehackte Schalotte, etwas gehackte Petersilie
    1 1/2 dl geschlagene Créme fraîche (38%)
    Salz und Pfeffer

Zubereitung

Rebhuhn

1. Die Schenkel abtrennen und im Gelenk durchschneiden.
2. Das Brustfleisch vom Brustbein lösen.
3. Das Fettnetz auf einem Tisch ausbreiten.
4. Die Brust in die Mitte des Netzes legen.
5. Darauf etwas von den Austernpilzen geben. Den Unterschenkel so platzieren, dass er zu sehen ist (Kotelettform), mit einer Rebhuhnbrust abschließen. Mit Salz und Pfeffer bestreuen.
6. In das Fettnetz einschlagen und wie ein Kotelett formen.
7. Die Koteletts in einen Bräter legen und bei 200° ca. 15 Min. braten.
8. Die Rebhuhnkoteletts aus dem Backofen nehmen und 15 Min. ruhen lassen.
9. Das Fett aus der Bratenpfanne gießen, die Schalotten hineinlegen, mit Armagnac flambieren und einkochen.
10. Die Weintrauben und das Wildfumet hinzufügen.
11. Die Soße durch Kochen reduzieren und mit Sahne aufschlagen. Mit Salz und Pfeffer abschmecken.

Soße

1. Die Pilze hacken und mit der Schalotte und der Petersilie rösten.
2. Salz und Pfeffer darüber streuen.
3. In kleine Formen oder Schälchen füllen und die Créme fraîche darauf geben.
4. Das Pilzgratin im Ofen gratinieren.

Anrichten

    Das Kotelett zusammen mit den Weintrauben und dem Pilzgratin auf einem Teller platzieren. Die Soße ringförmig um das Kotelett gießen.

Agerhønekotelet med svampegratin og vindruer

4 personer

Agerhøne

4 stk. unge plukkede agerhøns
4 stk. svinenet (25 x 25)
1/2 dl armagnac
12 stk. vindruer (halveret, uden skind og kerner)
2 dl vildtfumet
50 g smør
100 g ristede østershatte
1 finthakket skalotteløg

Svampegratin

200 g diverse skovsvampe (trompetsvamp, kantarel, Karl Johan svamp)
1 stort finthakket skalotteløg
lidt hakket persille
1,5 dl pisket cremefraiche (38%)
salt og peber

Agerhøne

Skær lårene af og del dem i knæleddet. Skær brystkødet fra brystbenet. Bred svinenettet ud på bordet. Læg et bryst i midten af nettet. Fordel lidt østershatte på det. Læg underlåret ovenpå, benet skal kunne ses, og slut af med et bryst. Drys salt og peber over. Pak det ind i svinenettet og form det som en kotelet. Læg koteletterne i en bradepande og steg dem i ovnen ved 200 grader i ca. 15 min. Tag koteletterne ud af ovnen og lad dem hvile i 15 min. Hæld fedtet fra panden. Kom skalotteløg i og flamber det med armagnac. Kog det ind. Tilsæt vindruerne og hæld vildfumeten i. Kog saucen ind og monter den med smør. Smag den til med salt og peber.

Svampegratin

Hak svampene og rist dem med skalotteløg og persille. Drys salt og peber over. Fyld det i 4 små forme eller skåle og kom cremefraiche ovenpå. Svampegratinen gratineres i ovnen.

Anretning

Anret koteletten på en tallerken sammen med vindruerne og svampegratinen. Hæld armagnacsaucen rundt om.

Wein/Vin
Bandol

Gefülltes Rebhuhn mit Weintrauben

für 4 Personen

Zutaten
- 4 Rebhühner
- 4 Scheiben geräucherter Bacon
- Salz und Pfeffer

Füllung
- 50 g Butter
- 3 Essl. Paniermehl
- 2 gehackte Schalotten
- 1 Essl. gehackter Schnittlauch
- Salz und Pfeffer
- Muskat
- etwas gehackter Thymian

Alle Zutaten vorsichtig mit einem Esslöffel vermischen.

Weintrauben
- 24 kernlose Weintrauben
- 5 cl Madeira

Die Haut entfernen und 24 Stunden im Madeira ziehen lassen.

Soße
- 2 dl Wildfumet, Butter, Salz und Pfeffer

Zubereitung

Gefülltes Rebhuhn
1. Die Daunen über einer Spiritus- oder Gasflamme abflammen.
2. Die Rebhühner waschen, trocknen und die Füllung hineingeben. Mit einem Fleischspieß schließen.
3. Eine Scheibe Bacon auf die Rebhühner legen und mit Baumwollgarn befestigen.
4. Dann mit Salz und Pfeffer einreiben und in einem Bräter in Butter bräunen.
5. Den Bräter in den Backofen stellen und bei 180° 30 Min. garen.
6. Die Rebhühner aus dem Bräter nehmen, mit einem Messer durch die Brustmitte und den Rücken halbieren.
7. Die Füllung aufbewahren.
8. Die Schenkel abschneiden.
9. Die Brust vom Knochen lösen und warm halten.
10. Das Fleisch von den Schenkeln lösen.
11. Das Fleisch und den Bacon in kleine Würfel schneiden.

Soße
1. Die Butter in einem Topf schmelzen.
2. Das Fleisch und den Speck bräunen.
3. Das Wildfumet dazugeben und zur Hälfte einkochen.
4. Den Fond seien.
5. Die Weintrauben in Madeira aufkochen und den Fond hinzufügen. Mit Salz und Pfeffer abschmecken.

Anrichten
Je zwei Rebhuhnbrusthälften zusammen mit der Füllung auf einen Teller legen. Die Weintrauben ringförmig um die Rebhuhnbrüste verteilen, die Soße darüber gießen und das Gericht mit Selleriepüree servieren.

Fyldt agerhøne med vindruer

4 personer

- 4 agerhøns
- 4 skiver røget bacon
- salt og peber

Farse
- 50 g smør
- 3 spsk rasp
- 2 hakkede skalotteløg
- 1 spsk hakket purløg
- salt og peber
- muskat
- lidt hakket timian

Bland ingredienserne forsigtigt med en ske.

Vindruer
- 24 stk. vindruer
- 5 cl madeira

Fjern skindet af vindruerne og lad dem trække i madeira i 24 timer.

Fyldt agerhøne
Svid dunene af over en gas- eller spritflamme. Fyld farsen i agerhønsene og luk dem med en kødpind. Læg en skive røget bacon på fuglene og bind dem op. Gnid kødet med salt og peber og brun agerhønsene i smør. Sæt gryden i ovnen og lad retten mørne ved 180 grader i 30 min.
Tag fuglene op. Halver dem med en skarp kniv midt igennem bryst og ryg. Gem farsen. Skær lårene af. Pil lårene fri af kødet. Skær kødet og bacon i små terninger. Brystkødet løsnes fra brystbenene og holdes varmt.

Sauce
- 2 dl vildtfumet
- smør
- salt og peber

Smelt smørret i en gryde. Brun kødet og baconen. Hæld vildtfumet i og kog det ind til det halve. Sigt fonden. Kog vindruerne op i madeira og hæld fonden i. Smag til med salt og peber.

Anretning
Læg bryststykkerne på en tallerken sammen med farsen og placer vindruerne rundt om. Hæld saucen over og server retten med selleripuré.

Wein/Vin
Pernand Vergelesses (weiß)

Fasanencreme mit Esskastanien

für 4 Personen

Zutaten
1 großer gerupfter Fasan
200 g Esskastanien
1 1/2 l Wildconsommé
1 Bouquet Garni (3 Zweiglein Petersilie, 3 Zweiglein Thymian, 1 Lorbeerblatt)
2 dl Olivenöl
Butter
1/2 l Crème fraîche (38%)
Salz und Pfeffer

Zubereitung
1. Den Fasan waschen und außen und innen trocknen.
2. In Olivenöl bräunen und dann im Backofen bei 200° 25 Min. braten.
3. Jetzt das Brustfilet lösen und in Alufolie packen.
4. Ein Kreuz in jede Kastanienhaut schneiden, in eine feuerfeste Form geben und im Backofen bei 200° ca. 20 Min rösten. Nach Fertigstellung aus der Form nehmen.
5. Den Rest des Fasans in einen Topf geben und die Wildconsommé darüber gießen.
6. Langsam zum Kochen bringen, sehr sorgfältig schäumen, die Hitze reduzieren. Dann die Kastanien und das Bouquet Garni in den Topf geben und Salz hinzufügen.
7. Wenn die Suppe den Kochpunkt erreicht hat, wiederum schäumen.
8. Den Deckel auf den Topf legen. Die Suppe bei sehr geringer Hitze 1 1/2 Stunden kochen.
9. Den Fasan herausnehmen und das Fleisch von den Schenkeln lösen, klein schneiden und in die Consommé geben.
10. Nun die Consommé in einen Standmixer gut durcharbeiten,
11. Die Consommé seien und Crème fraîche hinzufügen. Dann einkochen, bis es eine passende Konsistenz hat. Zum Schluss mit Salz und Pfeffer abschmecken.

Anrichten
Das Brustfleisch in dünne Streifen schneiden und in tiefe Teller geben. Die Consommé nochmals im Standmixer durcharbeiten und dann auf das Fleisch geben.

Fasancreme med kastanier

4 personer

1 stor plukket ung fasan
200 g kastanier
11/2 l vildtconsommé
1 bouquet garni (3 kviste persille, 3 kviste timian, 1 laurbærblad)
2 cl olivenolie
smør
1/2 l cremefraiche (38%)
salt og peber

Skyl fasanen og tør den indvendig og udvendig. Brun fasanen i olivenolie og steg i ovnen ved 200 grader i 15 min. Løs brystfileterne og pak dem ind i sølvpapir. Skær et kryds i toppen af hver kastanie. Læg dem i et ildfast fad og rist dem i ovnen ved 200 grader i ca. 20 min. Pil kastanierne. Læg resten af fasanen i en gryde og hæld vildtconsommé over. Bring det langsomt i kog. Skum meget omhyggeligt. Skru ned for varmen. Læg kastanier og bouquet garni i gryden og tilsæt lidt salt. Skum igen, når suppen når kogepunktet. Læg låg på gryden. Kog suppen ved meget svag varme i ca. 11/2 time. Tag fasanen op og pil kødet fra lårene. Læg kødet i suppen. Blend det i en foodprocessor. Sigt suppen. Tilsæt cremefraiche og kog det ind.
Smag til med salt og godt med peber.

Anretning
Skær brystkødet i tynde skiver og læg dem i en dyb tallerken. Blend suppen engang til. Hæld den over kødet.

Wein/Vin
Pinot Noire (Alsace)

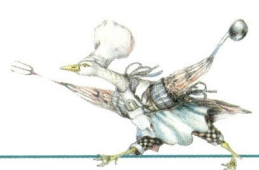

Gebratener Fasan mit Steinpilzen (Karl Johan)
für 4 Personen

Zutaten
- 2 junge gerupfte Fasane
- 300 g Steinpilze
- 5 dl Sahne
- 1 gehackte Schalotte
- 100 g Butter
- 2 dl Olivenöl
- 1 Essl. gehackter Schnittlauch
- Salz und Pfeffer
- 1 dl Portwein
- 1 in Würfel geschnittener Apfel
- 2 dl Wildfumet

Zubereitung
1. Die Fasane innen und außen waschen.
2. Innen mit Salz und Pfeffer einreiben, zusammenbinden und von außen mit Salz und Pfeffer einreiben.
3. Die Fasane von allen Seiten mit Olivenöl und 20 g Butter bräunen. Dann im Backofen bei 200° ca. 15 Min braten lassen.
4. Schalotten, Portwein, Apfelwürfel, Wildfumet und Sahne hineingeben und weitere 15 Min bei 180° braten.
5. Die Fasane in Alufolie wickeln und im abgestellten Backofen warm halten. Die Soße aufbewahren.

Steinpilze
1. Die Pilze reinigen und in Scheiben schneiden.
2. Butter in einer Pfanne bräunen, die Pilze hineinlegen und unter starker Hitze rösten.
3. Die Pilze zum Abtropfen in ein Sieb geben. Den Sud aufbewahren.

Soße
1. Den Sud von den Pilzen in die Fasanensoße geben und etwas einkochen, dann seien.
2. 20 g Butter einschlagen, mit Salz und Pfeffer abschmecken und Schnittlauch dazugeben.

Anrichten
Die Fasane auf eine Platte legen, mit den Pilzen garnieren und die Soße über die Fasane gießen. Das Gericht kann z.B. mit Nudeln serviert werden.

Stegt fasan med Karl Johan svampe
4 personer

- 2 unge plukkede fasaner
- 300 g Karl Johan svampe
- 5 dl fløde
- 1 hakket skalotteløg
- 100 g smør
- 2 dl olivenolie
- 1 spsk hakket purløg
- salt og peber
- 1 dl portvin
- 1 æble skåret i terninger
- 2 dl vildtfumet

Fasan
Gør fasanerne i stand. Skyl dem og tør dem godt indvendig og udvendig. Gnid dem indvendig med salt og peber. Bind fuglene op og gnid dem med salt og peber. Brun fasanerne på alle sider i varm olivenolie og 20 g smør. Steg dem derefter i ovnen ved 200 grader i ca. 15 min. Tilsæt skalotteløg, portvin, æbleterninger, vildtfumet og fløde og steg fasanerne yderligere i ca. 15 min. ved 180 grader. Pak fuglene i folie og hold dem varme i den slukkede ovn. Gem saucen. Halver fasanerne lige inden serveringen. Skær lårene af. Brystkødet løsnes fra brystbenet.

Karl Johan svampe
Rens svampene og skær dem i skiver. Brun 60 g smør på en pande, læg svampene på og rist dem ved ret kraftig varme. Hæld svampene til afdrypning i en sigte og gem væsken.

Saucen
Hæld svampevæsken i saucen og kog den lidt ind. Sigt saucen. Pisk 20 g smør i. Smag til med salt og peber. Tilsæt purløg.

Anretning
Læg fasanbrysterne og lårene på et fad, placer svampene rundt om og hæld saucen over fuglene. Retten kan evt. serveres med nudler.

Wein/Vin
Vosne Romanée

Gefüllte Wachtel mit Pilzrisotto und Salbei

für 4 Personen

Zutaten
- 4 entbeinte Wachteln
- 1 l Geflügelfond
- 1 gehackte Schalotte
- 5 Blatt Salbei
- 1/2 dl Weißwein
- 50 g Butter

Risotto
- 1 gehackte Schalotte
- 2 dl Risottoreis
- 3 dl Geflügelfond
- 1/2 dl Weißwein
- 500 g in Würfel geschnittene Pilze
- etwas geriebener Parmesan
- etwas Olivenöl

Zubereitung

Risotto
1. Die Schalotte und die Pilze in einem Topf in Öl dämpfen, Reis hinzufügen. Danach Weißwein, Geflügelfond, Salz und Pfeffer hineingeben.
2. Den Topf mit dem Deckel schließen und in den Backofen stellen.
3. Den Risotto bei 200° ca. 12-15 Min. backen.
4. Parmesan darüber streuen und abkühlen lassen. Der Risotto sollte al dente sein.

Wachteln
1. Die Wachteln mit dem Rücken nach unten auf einen Tisch legen.
2. Mit einem Essl. Risotto füllen und dann mit einem Fleischspieß schließen.
3. Mit Salz und Pfeffer einreiben, auf eine Bratenplatte legen und in etwas Öl bei 200° ca. 15 Min. braten. Währenddessen den Salbei hacken.
4. Die Wachteln herausnehmen, in Alufolie packen und im abgestellten Backofen warm halten.
5. Das Fett aus der Bratenpfanne in einen Topf gießen.
6. Schalotten und Weißwein hinzufügen und reduzieren.
7. Den Geflügelfond hineingeben und bis zur Hälfte einkochen.
8. Nun die Soße mit Salz, Pfeffer und gehacktem Salbei abschmecken und mit der Sahne aufschlagen.

Anrichten
Die Wachteln auf einem Teller zusammen mit dem Rest des Risotto ringförmig umgeben.

Fyldt vagtel med svamperisotto og salvie

4 personer

- 4 stk. udbenede vagtler
- 1 l fjerkræfond
- 1 hakket skalotteløg
- 5 blade salvie
- 1/2 dl hvidvin
- 50 g smør

Risotto
- 1 hakket skalotteløg
- 2 dl risottoris
- 3 dl fjerkræfond
- 1/2 dl hvidvin
- 500 g svampe skåret i terninger
- lidt reven parmesan
- lidt olivenolie

Risotto
Damp skalotteløg og svampe i olie, tilsæt ris, derefter hvidvin, fjerkræfond, salt og peber. Læg låg på gryden og sæt den i ovnen. Bag risottoen ved 200 grader i ca. 12-15 min. Tilsæt parmesan og lad det køle af. Risen skal være al dente.

Vagtler
Læg vagtlerne på bordet med ryggen nedad. Fyld dem med en spsk risotto. Luk med kødpinde og sæt vagtlerne op. Gnid dem med salt og peber, læg dem i en bradepande og steg dem i ovnen i lidt olie ved 200 grader i ca. 15 min. Tag vagtlerne op. Pak dem i folie og hold dem varme i den slukkede ovn. Hæld fedtet fra panden og kom skalotteløg og hvidvin i. Kog det ind, hæld fonden i og kog det ind til det halve. Smag saucen til med salt, peber og hakket salvie og monter den til sidst med smør.

Anretning
Vagtlerne anrettes på en tallerken sammen med resten af svamperisottoen. Hæld saucen rundt om.

Wein/Vin
Puligny Montrachet

Linsenvelouté mit leicht gesalzener Wachtel und pochierten Wachteleiern
für 4 Personen

Zutaten
- 3 dl grüne Linsen (über Nacht in Wasser geweicht)
- 1 Möhre
- 1 Zwiebel
- etwas Bacon
- 6 dl Hühnerbouillon
- 5 dl Sahne
- Salz und Pfeffer
- 4 Wachteln
- Meersalz
- 4 dl Entenfett
- 8 Wachteleier
- 1/2 dl Wasser
- 1/2 dl Essig

Zubereitung
1. Die Linsen zusammen mit der Hühnerbouillon, dem Bacon und dem Gemüse mürbe kochen.
2. Den Bacon herausnehmen.
3. Die Sahne in die Suppe geben und sie eine Weile köcheln lassen.
4. Mit dem Stabmixer gut durcharbeiten und durch ein spitzes Sieb seien.
5. Mit Salz und Pfeffer abschmecken.

Leicht gesalzene Wachtel
1. Die Wachteln säubern, die Schenkel abschneiden und die Brust herauslösen.
2. Das Fleisch mit Meersalz einreiben und über Nacht ziehen lassen.
3. Entenfett in einen Topf geben, aufkochen. Die Entenbrust und die Schenkel hineingeben und kochen – die Brust ca. 10 Min. und die Schenkel ca. eine halbe Stunde.

Pochierte Wachteleier
1. Die Wachteleier in einer Schüssel aufschlagen.
2. Wasser und Essig vermengen und aufkochen.
3. Die Wachteleier hineingeben und ca. 30 Sek. pochieren.

Anrichten
Zwei Wachtelbrüste zusammen mit 2 Schenkeln und 2 Eiern in einen tiefen Teller geben. Die heiße Suppe darauf gießen und evtl. etwas gehackten Schnittlauch hinzufügen.

Linsevelouté med sprængt vagtel og pocheret vagtelæg
4 personer

Linsevelouté
- 3 dl grønne linser (udblødes i vand natten over)
- 1 gulerod
- 1 løg
- lidt bacon
- 6 dl hønsebouillon
- 5 dl fløde
- salt og peber

Kog linserne møre i hønsebouillon sammen med urter og bacon. Tag baconen op, hæld fløde i og lad suppen småkoge et godt stykke tid. Blend suppen og sigt den gennem en spidssigte.
Smag til med salt og peber.

Sprængt vagtel
- 4 vagtler
- havsalt
- 4 dl andefedt

Gør vagtlerne i stand, skær lårene af, gnid kødet med havsalt og lad det trække natten over. Kog det i andefedt – vagtelbrysterne i ca. 10 min., lårene i ca. 1/2 time.

Pocheret vagtelæg
- 8 vagtelæg
- 1/2 l vand
- 1/2 dl eddike

Pisk vagtelæggene i en skål. Bland vand og eddike og kog det op. Kom vagtelæggene i og pocher dem i ca. 30 sek.

Anretning
Læg 2 vagtelbryster sammen med 2 lår og 2 æg i en dyb tallerken. Hæld den rygende varme suppe over og tilsæt evt. lidt hakket purløg.

Wein/Vin
Saint Joseph (Côtes du Rhône)

Olivengratinierte Wachtel mit Tomaten-Olivensoße und Spinat
für 4 Personen

4 kleine Porzellanschüsselchen

Zutaten
6 Wachteln
40 g fein gehackte schwarze Oliven
20 g Butter
20 g Paniermehl
200 g Champignons
2 Möhren, 1/2 Zwiebel
1 große in Würfel geschnittene Tomate
40 grob gehackte Oliven, 1/2 dl Olivenöl
100 g Geflügelhack
2 dl Sahne, gehackte Kräuter, Salz und Pfeffer

Spinat
30 g Butter, 1 Knoblauchzehe, Salz und Pfeffer, etwas geriebener Muskat

Zubereitung

Wachtel
1. Die Schenkel abschneiden, das Wachtelfleisch von den Knochen lösen und das Brustfilet zur Seite legen.
2. Die Schenkel in 1/2 l Wasser legen, Champignons, Möhren und Zwiebeln dazu geben und mürbe kochen.
3. Jetzt das Schenkelfleisch auslösen und in kleine Würfel schneiden.
4. Champignons und Möhren herausnehmen und ebenfalls würfeln.
5. Den Fond durch ein Sieb seien.
6. Die Hälfte des Fonds wird mit der Sahne zusammen reduziert.
7. Fleisch, Champignon- und Möhrenwürfel hineingeben und kalt stellen
8. Das Wachtelbrustfleisch zwischen 2 Stücke Haushaltsfolie legen und flach klopfen.
9. Je drei Brustfilets in jedes Schüsselchen geben.
10. Champignonmasse und Geflügelhack auf die Filets geben und mit einer Lage von der Olivenfüllung abschließen.
11. Im Wasserbad bei 200° 15 Min im Backofen garen.

Soße
1. Den Rest des Fonds etwas reduzieren und die Tomaten- und Champignonwürfel hinzufügen.
2. Zum Schluss etwas Olivenöl und die gehackten Kräuter hineingeben. Mit Salz und Pfeffer abschmecken.

Spinat
1. Den Spinat gründlich spülen, die gröbsten Stiele abschneiden und in einem Geschirrtuch wringen.
2. Die Butter in einem Topf schmelzen und den Spinat hineingeben.
3. Knoblauch, Zwiebel, Salz, Pfeffer und Muskat hinzufügen.
4. Dann den Spinat bei starker Hitze schwitzen.
5. Den Knoblauch herausnehmen.

Anrichten
Das Wachtelgratin in den Schüsselchen und den Spinat und die Tomaten-Olivensoße dazu servieren.

Olivengratineret vagtel med tomat-olivensauce og spinat
4 personer

små porcelænsskåle (cocotter)
6 vagtler

Olivenmasse
40 g finthakkede sorte oliven
20 g smør
20 g rasp
200 g champignon
2 gulerødder
1/2 løg
1 stor tomat skåret i terninger
40 g grofthakkede oliven
1/2 dl olivenolie
100 g fjerkræfars (se dyrecrépinette)
2 dl piskefløde
lidt hakkede krydderurter
salt og peber

Udben vagtlerne og gem vagtelbrysterne. Sæt lårene over i 1/2 l vand, tilsæt champignon, gulerod, løg og kog det mørt. Pil lårene fri af kødet. Skær kødet i små terninger. Tag champignon og gulerod op og skær det i små terninger. Sigt fonden. Halvdelen af fonden koges ind med piskefløde. Tilsæt kødet, champignon- og gulerodsterninger og sæt det koldt. Læg vagtelbrysterne mellem to stykker film og bank dem let til flade skiver. Læg 3 vagtelbryster i hver skål. Fyld cocotterne med champignonmassen og lidt fjerkræfars og afslut med en skive fra olivenmassen. Bag retten i vandbad i ovnen ved 200 grader i 15 min. Kog resten af fonden lidt ind og tilsæt oliven og tomatterninger. Kom til sidst lidt olivenolie og hakkede krydderurter i. Smag til med salt og peber.

Spinat
400 g spinat
30 g smør
1 fed hvidløg
salt og peber
lidt reven muskat

Skyl spinaten grundigt og nip de groveste stilke af. Vrid spinaten i et viskestykke. Smelt smørret i en gryde. Læg spinaten i. Tilsæt hvidløg, salt, peber og muskat. Svits spinaten ved kraftig varme i 20 sek. Tag hvidløget op.

Anretning
Server vagtelgratinen i cocotterne sammen med spinat og tomat-olivensauce.

Wein/Vin
Sancerre (Loire)

Hausgemachte Wildentenwürstchen auf Linsenboden und Morchelcreme
für 8 Personen

Zutaten

Entenwürstchen

1 m Lammdarm, 300 g Hähnchenbrust, 1 Eiweiß, 3/4 l Schlagsahne
2 Wildentenbrüste, 1 dl Portwein, 1 Teel. gehackter Rosmarin
Salz und Pfeffer, Olivenöl, Baumwollgarn

Linsen

100 g Linsen, etwas Butter, 1/4 Möhre, 1/4 Zwiebel, 20 g Bacon
1/4 l Geflügelfond, Thymian, Salz und Pfeffer

Morchelsoße

50 g getrocknete Morcheln, 1 gehackte Schalotte, 2 dl Geflügelfond
2 dl Sahne, Salz und Pfeffer, etwas Butter

Zubereitung

Wildentenwürstchen

1. Die Entenbrust in kleine Würfel schneiden und mit dem Portwein, Salz, Pfeffer und Rosmarin 2 Stunden marinieren.
2. Die Hähnchenbrust in grobe Würfel schneiden und mit Salz und Pfeffer in einem Standmixer mixen.
3. Das Eiweiß hinzufügen und gründlich mixen.
4. Nach und nach die Sahne dazugeben und ca. 2 Min. durcharbeiten, bis eine glatte Masse entstanden ist.
5. Aus dem Mixer nehmen, die Entenbrust darunter mischen und in den Lammdarm geben.
6. Mit Baumwollgarn 4 cm lange Würstchen abbinden.
7. Die Entenwürstchen bei 80° ca. 15 Min pochieren, danach in kaltes Wasser legen.
8. Die Würstchen in Olivenöl braten.

Morchelcreme

1. Die Morcheln ein paar Stunden in Wasser einweichen.
2. Halbieren und gründlich waschen.
3. Die Schalotte in etwas Butter dämpfen.
4. Die Morcheln und den Weißwein hinzufügen und durch Kochen reduzieren.
5. Den Geflügelfond und die Sahne hineingeben und einkochen, bis eine passende Konsistenz entstanden ist.
6. Die Creme mit Salz und Pfeffer abschmecken.

Linsen

1. Die Linsen 2 Stunden in Wasser einweichen. Dann in Butter zusammen mit der Möhre, der Zwiebel und dem Bacon dämpfen.
2. Den Geflügelfond, Thymian, Salz und Pfeffer hinzufügen.
3. Die Linsen mürbe kochen.

Anrichten

Die Wildentenwürstchen auf die Linsen geben und die Morchelcreme ringförmig garnieren.

Hjemmelavet andepølse på bund af linser og morkelcreme
8 personer

Andepølse

1 m lammetarm
300 g kyllingebryst
1 æggehvide
3/4 l piskefløde
2 vildandebryster
1 dl portvin
1 tsk hakket rosmarin
salt og peber
olivenolie

Linser

100 g linser
lidt smør
1/4 gulerod
1/4 løg
20 g bacon skåret i terninger
1/4 l fjerkræfond
timian
salt og peber

Morkelsauce

50 g tørret morkel
1 hakket skalotteløg
2 dl fjerkræfond
2 dl piskefløde
salt og peber

Andepølse

Skær andebrystet i små terninger og mariner dem i portvin, salt, peber og rosmarin i 2 timer. Skær kyllingebrystet i store terninger. Blend dem med salt og peber i en foodprocessor. Tilsæt æggehviden og blend det omhyggeligt. Hæld fløde i lidt efter lidt og blend det i ca. 2 min. til en glat masse. Bland kødet fra andebrystet i og fyld det i lammetarmen. Lav ca. 4 cm lange små pølser ved hjælp af bomuldsgarn. Pocher pølserne i vand ved 80 grader i 15 min. og læg dem i koldt vand. Steg pølserne i olivenolie.

Morkelcreme

Udblød morklerne i vand i et par timer. Halver dem og vask dem grundigt. Damp skalotteløg i lidt smør, tilsæt morkler og hvidvin og kog det ind. Hæld fjerkræfond og piskefløde i og kog det ind, til det har en passende konsistens. Smag cremen til med salt og peber.

Linser

Udblød linserne i 2 timer. Damp dem i smør tilsat gulerod, løg og bacon. Tilsæt fjerkræfond, timian, salt og peber. Kog linserne møre.

Anretning

Anret andepølsen på linserne og hæld morkelcremen rundt om.

Wein/Vin
Sancerre (Loire)

35

36

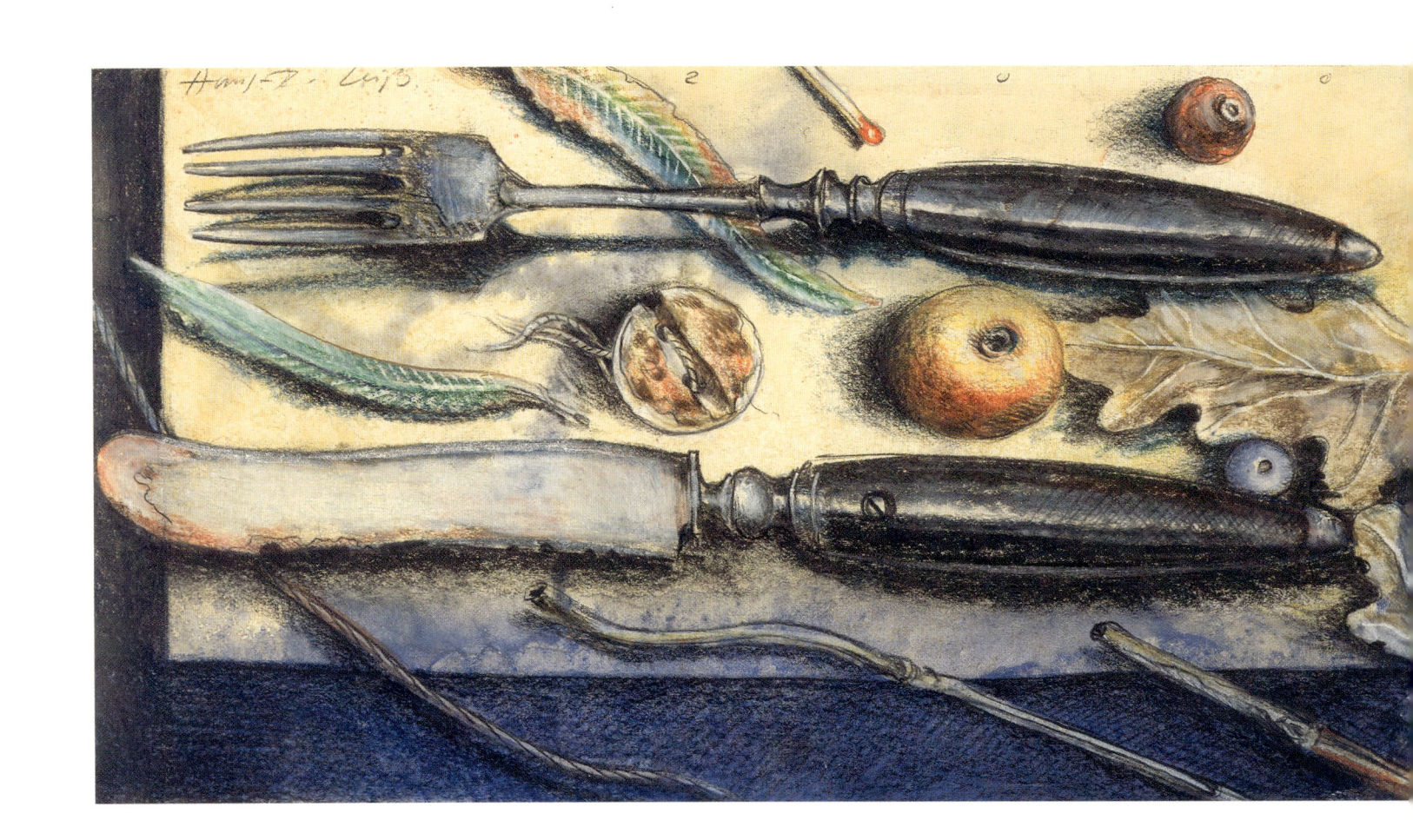

Wildenten mit Brombeersoße

für 4 Personen

Zutaten
- 4 Wildenten
- 30 g Butter
- Salz und Pfeffer

Brombeersoße
- 150 g Brombeeren, 50 g Zucker, Saft von einer Apfelsine
- Saft von einer Zitrone, 15 cl Xéres-Weinessig, 4 dl Demi Glace
- 2 cl Cointreau, 40 g Butter

Garnitur
- 200 g Steinpilze, 400 g Spinat, fein gehackte Schalotten, Butter
- Salz und Pfeffer, gehackte Petersilie, 100 g Brombeeren
- 2 dl Wasser, 100 g Zucker

Zubereitung

Wildente
1. Die Enten waschen und mit Haushaltsrolle gut trocknen.
2. Die Schenkel und die Flügel mit Fleischspießen befestigen, dann mit Pfeffer und Salz bestreuen.
3. Im Backofen bei 220° ca. 20 Min. braten.
4. Die Enten aus dem Backofen nehmen und an einem mäßig warmen Ort 15 Min. ruhen lassen. Vor dem Servieren tranchieren.

Garnitur
1. Den Spinat sorgfältig waschen und die gröbsten Stiele abschneiden.
2. Die Butter in einem Topf schmelzen.
3. Den Spinat, Salz und Pfeffer hineingeben. Bei schwacher Hitze und geschlossenem Topf 5-6 Min. mürbe dämpfen.
4. Während der letzten Minuten den Deckel abnehmen, dann warm halten.
6. Die Steinpilze säubern und in Scheiben schneiden.
7. Die Butter in einem Topf schmelzen, die Steinpilze, Schalotten und Petersilie dazugeben und rösten.
   Zum Schluss mit Salz und Pfeffer abschmecken.
8. Wasser und Zucker in einen Topf geben und aufkochen, die Brombeeren darin kurze Zeit blanchieren.

Brombeersoße
1. Zucker unter ständigem Rühren in einem Topf schmelzen, Fruchtsaft und Essig dazugeben.
2. Die Brombeeren hineingeben und kochen, bis die passende Konsistenz erreicht ist. Dann den Demi Glace und den Cointreau zufügen und weiter etwas einkochen.
3. Die Soße seien und allmählich die Sahne hinzufügen.

Anrichten
Den Spinat auf einen Teller geben, das Fleisch darauf legen. Mit Steinpilzen und Brombeeren garnieren.

Vildænder med brombærsauce

4 personer

- 4 vildænder
- 30 g smør
- salt og peber

Brombærsauce
- 150 g brombær
- 50 g sukker
- saft fra 1 appelsin
- saft fra 1 citron
- 15 cl xeresvineddike
- 4 dl demi glace
- 2 cl cointreau
- 40 g smør

Garniture
- 200 g Karl Johan svampe
- 400 g spinat
- 2 finthakkede skalotteløg
- smør
- salt og peber
- hakket persille
- 100 g brombær
- 2 dl vand
- 100 g sukker

Vildænder
Skyl ænderne og tør dem godt med køkkenrulle. Sæt lår og vinger op med kødpinde. Drys salt og peber over. Steg dem i smør i ovnen ved 220 grader i ca. 20 min. Tag ænderne op af bradepanden og lad kødet samle saften i 15 min. et lunt sted. Skær vildænderne ud lige inden serveringen.

Garniture
Skyl spinaten grundigt og nip de groveste stilke af. Smelt smørret i en gryde. Tilsæt spinat, salt og peber. Damp spinaten mør under låg ved svag varme i 5-6 min. Fjern låget de sidste min. Hold spinaten varmt et lunt sted. Rens Karl Johan svampene og skær dem i skiver. Smelt smørret i en gryde. Læg svampene, skalotteløg og persille i. Rist det. Drys salt og peber over. Kom vand og sukker i en gryde. Kog det op. Læg brombærrene i og pocher dem i meget kort tid.

Sauce
Smelt sukker i en gryde. Rør hele tiden til den er lysebrun. Hæld eddike og frugtsaft i. Tilsæt brombær og kog det ind til en god konsistens.
Hæld cointreau og demi glace i og kog det yderligere lidt ind. Sigt saucen. Pisk smør i lidt efter lidt.

Anretning
Placer spinaten på en tallerken. Læg kødet ovenpå. Fordel svampene og brombærrene rundt om. Hæld saucen over.

Wein/Vin
Château Carbonnieux

Cremesuppe mit Kräutern aus dem eigenen Garten
für 4 Personen

Zutaten
- 1 l Wildconsommé
- 5 fein gehackte Schalotten
- 1 fein gehackte Knoblauchzehe
- 5 Zweiglein Petersilie
- 5 gehackte Wiesenchampignons
- 1 l Sahne

Kräuter
- 1 dl gehackte Petersilie
- 1 gehackter Kerbel
- 1 Essl. gehackter Zitronenthymian
- 1 Essl. gehackter Schnittlauch
- 5-6 Blätter Estragon
- Gemeiner Sauerklee
- Alle Zutaten vermischen.

Zubereitung
1. Die Butter in einer Pfanne bräunen.
2. Die Champignons und den Knoblauch hinzufügen. So lange braten, bis sie leicht golden und klar sind.
3. Petersilie dazugeben.
4. Die Wildconsommé hineingeben und bis auf einen 1/2 l herunterkochen.
5. Durch ein Sieb seien und die Sahne hinzufügen, dann bis auf 1 l reduzieren.
6. 3/4 der Kräuter 5 Min. in die Suppe geben, dann wiederum durchseien.
7. Kurz vor dem Servieren den Rest der Kräuter und die Sahne hinzufügen, dann die Suppe mit einem Stabmixer mixen. Zum Schluss die Cremesuppe mit Salz und Pfeffer abschmecken.

Anrichten
Die Suppe in tiefe Teller geben. Mit Kräutern gewürzte Ravioli, Waldpilzen, pochiertem Fleisch vom Fasan oder Croûtons servieren.

Cremesuppe med krydderurter fra egen have
4 personer

- 1 l vildtconsommé
- 5 finthakkede skalotteløg
- 1 finthakket fed hvidløg
- 4-5 kviste persille
- 5 finthakkede markchampignoner
- 1 l fløde

Krydderurter
- 1 dl hakket persille
- 1 dl hakket kørvel
- 1 spsk hakket citrontimian
- 1 spsk hakket purløg
- 2 spsk estragon
- 5-6 blade skovsyre
- Bland det hele.

Brun smørret på en pande. Læg champignoner og hvidløg på. Steg det til det er let gyldent og klart. Tilsæt persille. Hæld vildtconsommé i og kog det ind til 1/2 liter. Sigt det. Hæld fløden i og kog suppen ind til 1 liter. Kom 3/4 af krydderurterne i suppen i 5 min. Sigt suppen.
Tilsæt resten af krydderurtene samt 5 spsk fløde lige inden serveringen. Blend det med en stavblender. Smag suppen til med salt og peber.

Anretning
Hæld suppen i en dyb tallerken. Server med ravioli tilsat krydderurter, skovsvampe, pocheret kød af fasan eller croûtons.

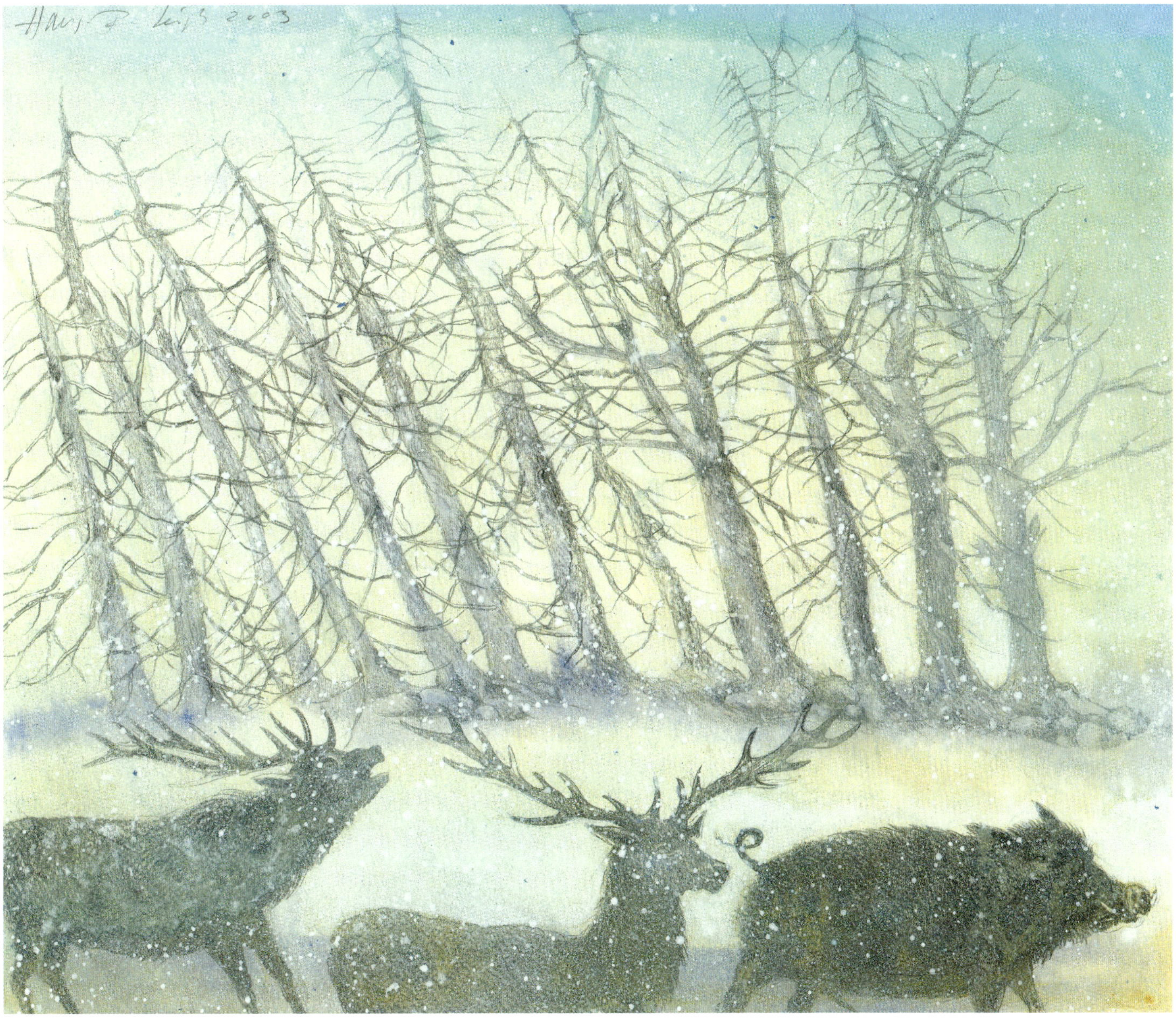

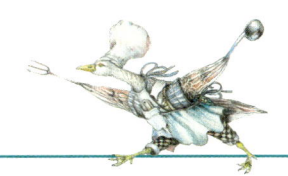

Wildconsommé

Zutaten
- 2 kg Gerippe z.B. von Fasan oder Wildente
- 150 kg Möhren
- 1 Porree
- 2 Zwiebeln
- 50 g Sellerie
- 1 Bouquet Garni (Petersilie, Lorbeerblatt und Thymian)
- 1 Nelke
- 3 l Wasser
- Salz

Zubereitung
1. Die Gerippe zusammen mit kaltem Wasser in einen Topf geben und aufkochen.
2. Die Gerippe herausnehmen und abspülen.
3. In einen Topf mit kaltem Wasser geben und wieder aufkochen. Kurz vor dem Kochpunkt wird der Schaum sorgfältig mit einem Abschöpflöffel entfernt.
4. Gemüse, Bouquet Garni, Nelke und Salz hinzufügen.
5. Kurz vor dem Kochpunkt wieder entschäumen.
6. Den Deckel auflegen. Die Suppe bei sehr geringer Hitze 3 Stunden kochen, nach Bedarf wieder entschäumen.
7. Die Gerippe herausnehmen.
8. Die Suppe durch ein Sieb oder durch ein Geschirrtuch seien.

Anrichten
Die Wildconsommé als Hauptgericht oder als Vorspeise servieren.
Als Garnitur empfehlen sich Pilze, Gemüse oder Fleischklöße aus Wild.

Vildtconsommé

2 kg skrog (f. eks. fasan)
150 g gulerod
1 porre
2 løg
50 g selleri
1 bouquet garni (5 kviste persille, 1 laurbærblad og timian)
1 stk. nellike
3 l vand
salt

Sæt skroget over i koldt vand og kog det op. Tag skroget op og skyl det. Sæt det over i koldt vand og kog det op. Lige før vandet når kogepunktet, fjernes skummet omhyggeligt med en hulske. Tilsæt grønsager, bouquet garni, nelliker og salt. Skum igen, når suppen når kogepunktet. Læg låg på gryden. Kog suppen ved meget svag varme i 3 timer. Skum efter behov. Tag skroget op. Sigt suppen gennem en sigte eller gennem et viskestykke.

Anretning
Server suppen som hovedret eller som forret. Tag svampe, grønsager eller kødboller lavet af vildtkød som garniture.

Wildschweinmedaillon mit Pfifferlingen

für 4 Personen

Zutaten
600 g Wildschweinfilet
20 Pfifferlinge
1 fein gehackte Zwiebel
4 dl Créme fraîche
200 g Butter
2 Essl. gehackte Petersilie
Salz und Pfeffer

Zubereitung
1. Die Wildschweinfilets in 75 g große Medaillons schneiden und mit Salz und Pfeffer einreiben.
2. Die Pfifferlinge unter fließendem Wasser abspülen und halbieren.
3. Die fein gehackten Zwiebeln in 100 g geschmolzener Butter glasig dünsten.
4. Die Pfifferlinge hinzufügen und ca. 3 Min. schmoren lassen.
5. Die Créme fraîche unter Rühren in die Masse geben, etwas herunterkochen und mit Salz und Pfeffer abschmecken.
6. Petersilie hinzufügen.
7. Die Medaillons in der restlichen Butter bei kräftiger Hitze ca. 3-4 Min. auf jeder Seite braten.

Anrichten
Die Soße auf eine Platte gießen und die Wildschweinmedaillons darauf legen und mit Spätzle servieren.

Vildsvinemedaillon med kantareller

4 personer

600 g vildsvinefilet
250 g kantareller
1 finthakket løg
4 dl cremefraiche
200 g smør
2 spsk. hakket persille
salt og peber

Skær fileten i 8 medailloner á 75 g. Gnid dem med salt og peber. Skyl kantarellerne under rindende vand. Skær dem i halve. Damp løgterningerne klare i 100 g smeltet smør. Tilsæt kantarellerne. Lad det snurre i ca. 3 min. Tilsæt cremefraiche under omrøring. Kog det lidt ind og smag til med salt og peber. Tilsæt persille. Steg medaillonerne i resten af smørret ved kraftig varme i ca. 3-4 min. på hver side.

Anretning
Hæld saucen på et fad og læg medaillonerne oven på. Server retten med Spätzle.

Wein/Vin
Barolo

Wildschwein mit Preiselbeeren und Äpfeln

für 4 Personen

Zutaten
    800 g Wildschweinfilet
    4 Äpfel
    50 g Preiselbeergelee
    1 Möhre
    2 Zwiebeln
    2 Schalottenzwiebeln
    1 Bouquet Garni (Petersilie, Thymian, Lorbeer)
    1/2 dl Weißweinessig
    3 dl Olivenöl
    2 dl Créme fraîche
    50 g Butter
    Salz und Pfeffer

Zubereitung
1. Möhre, Zwiebeln und Schalottenzwiebeln in Scheiben schneiden.
2. Das Wildschweinfilet mit Salz und Pfeffer einreiben.
3. Das Gemüse und das Filet in eine Bratenpfanne legen und Petersilie, Thymian und Lorbeer hinzufügen.
4. Den Weißweinessig und das Olivenöl darüber gießen.
5. 14 Stunden zum Kühlen in den Kühlschrank stellen und das Fleisch während des Kühlens mehrmals wenden.
6. Danach mit Küchenrolle trocknen, mit der Butter bepinseln und bei 220° 10 Min. im Backofen braten.
7. Die Äpfel schälen, die Kernhäuser mit einem Apfelausstecher entfernen.
8. Die Äpfel zusammen mit dem Wildschweinfilet 15 Min. braten.
9. Das Filet und die Äpfel herausnehmen, Créme fraîche und 1 dl von der Marinade in die Bratenpfanne geben, aufkochen lassen und mit Salz und Pfeffer abschmecken.
10. Die Apfelhälften mit Preiselbeergelee füllen.

Anrichten
Das Filet in Scheiben schneiden und zusammen mit den gefüllten Äpfeln auf eine Platte legen, die Soße dazugeben und mit Rotkohl und Feigen servieren.

Vildsvin med tyttebær og æbler

4 personer

    800 g vildsvinefilet
    4 æbler
    50 g tyttebærgelé
    1 gulerod
    2 løg
    2 skalotteløg
    1 bouquet garni (persille, timian, laurbær)
    1/2 dl hvidvinseddike
    3 dl olivenolie
    2 dl cremefraiche
    50 g smør
    salt og peber

Skær gulerod, løg og skalotteløg i skiver. Gnid vildsvinsfileten med salt og peber. Læg grønsagerne og kødet i en bradepande. Tilsæt persille, timian og laurbær. Hæld hvidvinseddike og olivenolie over. Sæt det på køl i 14 timer. Vend kødet af og til. Tag kødet op. Tør det med papir fra køkkenrullen. Fileten pensles med smør og steges i ovnen ved 220 grader i ca. 10 min. Skræl æblerne og fjern kernehuset. Steg dem sammen med kødet i 15 min. Tag kødet og æblerne op. Kom cremefraiche og 1 dl af marinaden i bradepanden. Lad det koge op. Smag til med salt og peber. Fyld æblerne med tyttebærgeléen.

Anretning
Skær kødet i skiver. Anret dem sammen med de fyldte æbler på et fad. Hæld saucen ved. Til retten serveres rødkål med figner.

Wein/Vin
Chateau Ausone (Saint Emilion)

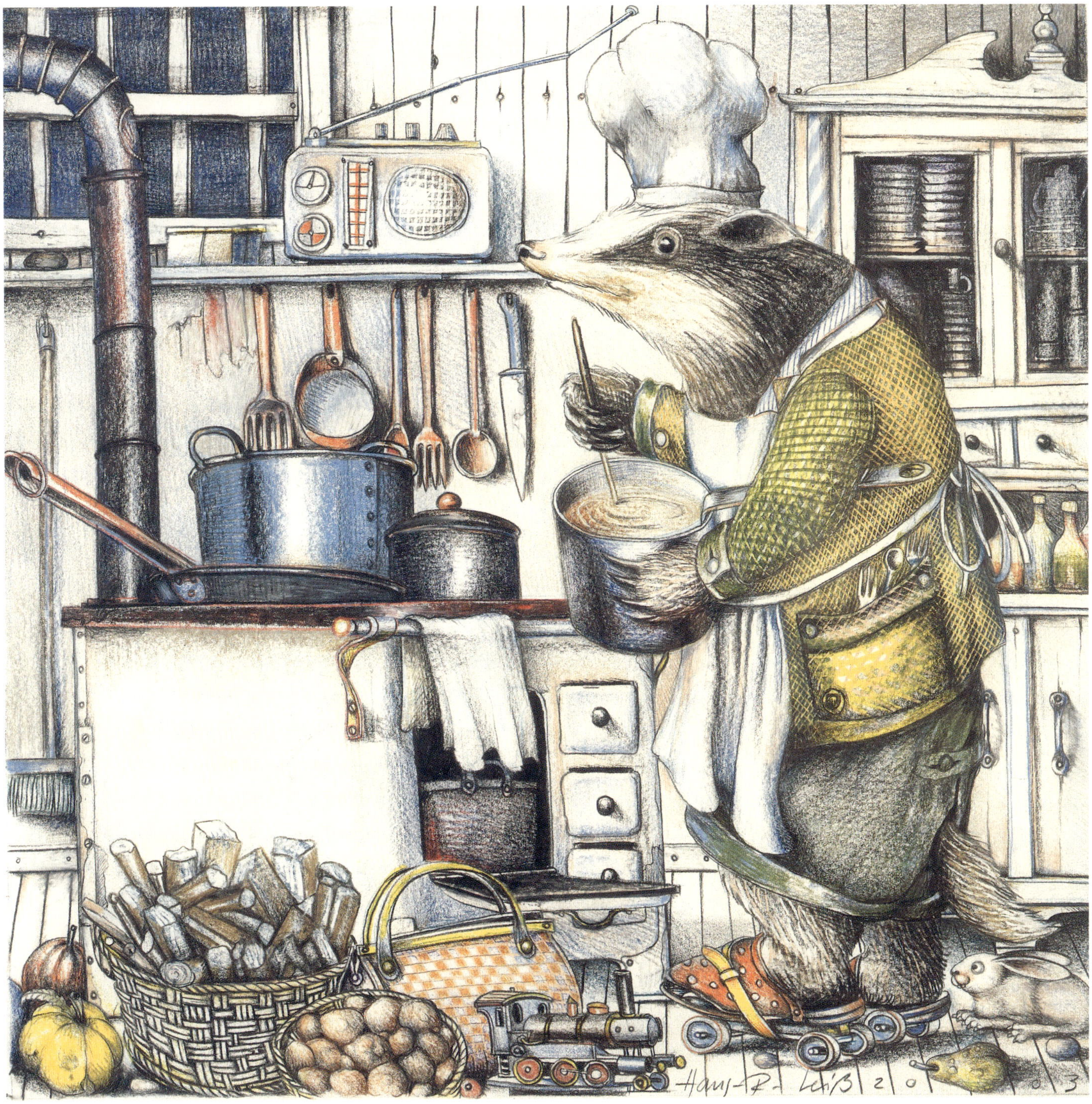

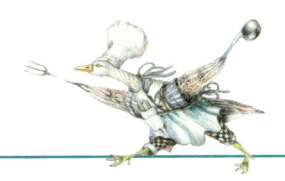

44

Wildschweinkeule mit Wacholderbeeren und Kastanienpüree
für 8 Personen

Zutaten
- 1 Wildschweinkeule von einem kleinen Wildschwein
- 200 g Butter
- 1 dl Olivenöl
- 1 dl Wacholderschnaps
- 15 Wacholderbeeren
- 3 dl Créme fraîche
- Salz und Pfeffer
- 150 g weißer Speck in Julienne geschnitten

Kastanienpüree
- 2 kg Esskastanien
- 3 Stück gehackter Zucker
- 3 dl Wasser
- 1 Selleriegrün
- 100 g Butter
- 1 dl Sahne Salz und Pfeffer

Zubereitung
Marinade (s. Damwildmedaillon)

Wildschweinkeule
1. Die mit dem Speck gespickte Keule in eine tiefe Schüssel legen, mit der Marinade übergießen und an einem kühlen Ort 48 Stunden ziehen lassen.
2. Die Keule aus der Marinade nehmen und sorgfältig abtrocknen.
3. Die Marinade bis auf 4 dl einkochen.
4. Die Wildschweinkeule in einer Pfanne in Olivenöl und Butter bräunen, dann in eine Bratenpfanne legen und bei 190° 1 1/2 Stunden im Backofen braten, das Fleisch sollte innen rosig sein.
5. Die Keule herausnehmen und warm halten.
6. Das Fett aus der Bratenpfanne gießen und dann die Bratenpfanne mit Wacholderschnaps flambieren.
7. Die Wacholderbeeren, Créme fraîche und die Marinade hinzufügen.
8. Die Soße durchseien und mit Salz und Pfeffer abschmecken.

Kastanienpüree
1. Ein Kreuz in die Spitze jeder Kastanie schneiden.
2. Dann in eine feuerfeste Schale legen und bei 200° ca. 20 Min. rösten.
3. Die Kastanien enthäuten.
4. Wasser, Zucker und Selleriegrün aufkochen, die Kastanien hineinlegen und bei schwacher Hitze ca. 45 Min. kochen, dann die Kastanien in ein Sieb geben und zu Mus zerdrücken.
5. Butter, Sahne, Salz und Pfeffer hinzufügen.

Das Püree ist fertig gestellt, wenn die Konsistenz glatt und luftig ist, es kann evtl. noch etwas Sahne hinzugefügt werden.

Anrichten
Die Wildschweinkeule wird auf einer Platte angerichtet und mit der Soße und dem Kastanienpüree serviert.

Vildsvinekølle med enebær og kastaniepuré
8 personer

- 1 vildsvinekølle fra et lille vildsvin
- 200 g smør
- 1 dl olivenolie
- 1 dl enebærsnaps
- 15 enebær
- 3 dl cremefraiche
- salt og peber
- 150 g hvid spæk skåret i strimler

Marinade
Se dådyrmedaillon.

Læg den istandgjorte, spækkede kølle i et dybt fad. Overhæld den med marinaden. Lad kødet trække i 48 timer på et koldt sted. Tag det op og tør det godt af. Kog marinaden ind til 4 dl. Brun køllen i olivenolie og smør. Sæt den i en bradepande og steg den i ovnen ved 190 grader i 11/2 time. Kødet skal være lyserødt indvendigt. Tag køllen op og hold den varm. Hæld fedtet fra panden. Flamber panden med enebærsnaps. Tilsæt enebær, cremefraiche og marinade. Kog det ind til en passende konsistens. Sigt saucen. Smag den til med salt og peber.

Kastaniepuré
- 2 kg kastanier
- 3 stk. hukket sukker
- 3 dl vand
- 1 stk. bladselleri
- 100 g smør
- 1 dl fløde
- salt og peber

Skær et kryds i toppen af hver kastanie. Læg dem i et ildfast fad og rist dem i ovnen ved 200 grader i ca. 20 min. Pil kastanierne. Bring vand, sukker og bladselleri i kog. Læg kastanierne i og kog dem ved svag varme i ca. 45 min. Hæld dem i en sigte. Mos kastanierne med en kartoffelmoser. Tilsæt smør, fløde, salt og peber. Puréen er færdig, når den er glat og luftig. Der kan evt. tilsættes lidt mere fløde.

Anretning
Køllen anrettes på et fad og serveres med saucen og kastanipuréen.

Wein/Vin
Chateau Ausone (Saint Emilion)

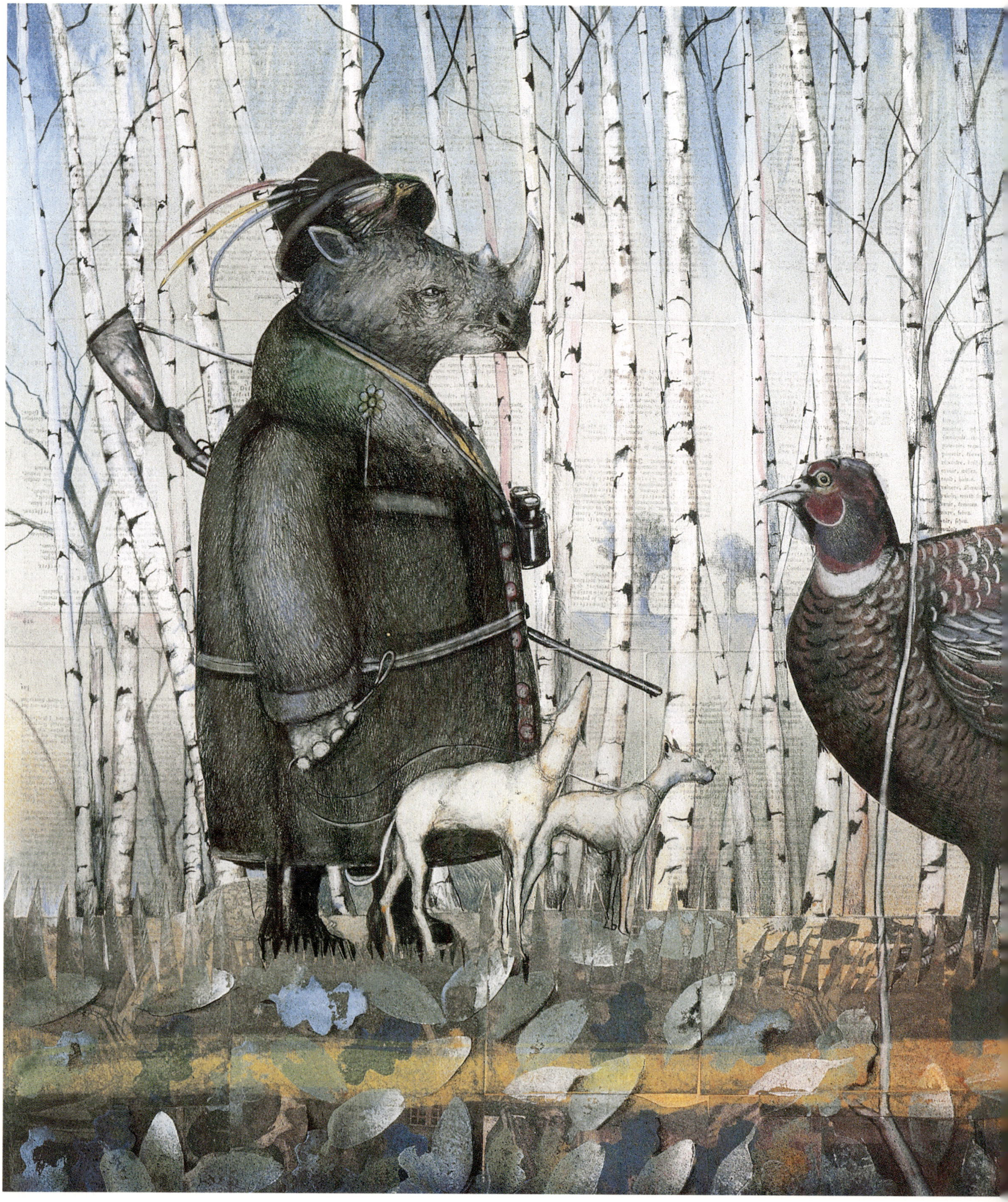

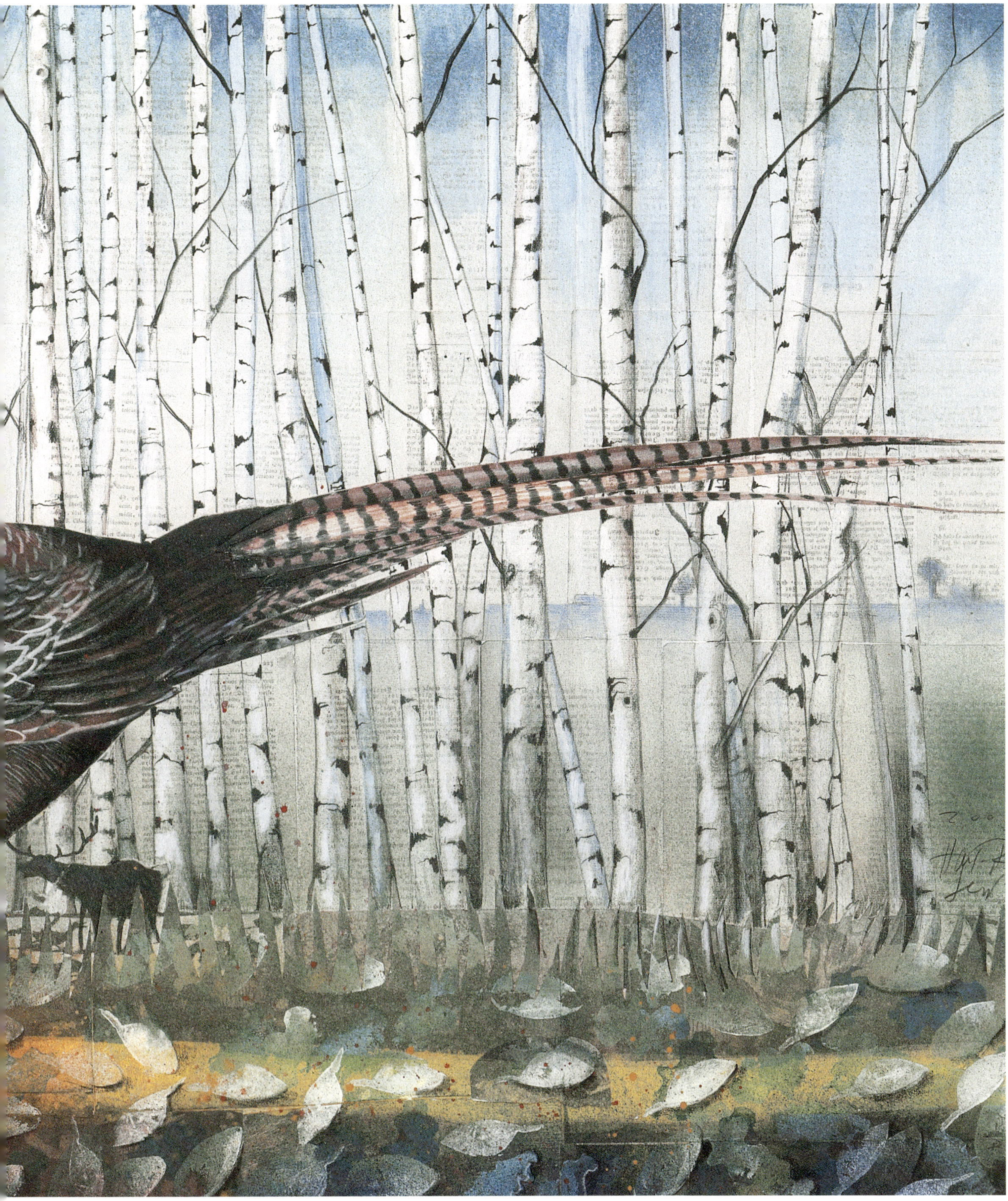

Wildschweinkotelett Sankt Hubertus

für 4 Personen

Zutaten
- 4 Wildschweinkoteletts à 250 g
- 100 g Wildschweinfilet
- 100 g Nacken
- 100 g Speck
- Olivenöl
- 1 Ei
- 1dl Sahne
- 4 Stücke Fettnetz (25 x 25)
- 100 g gehackte Champignons
- 100 g Butter
- 8 zerdrückte Wacholderbeeren
- 1 kg Renetteäpfel
- 3 dl Pfeffersoße (Sauce Poivrade)
- Salz und Pfeffer

Zubereitung
1. Die Wildschweinkoteletts sorgfältig spülen und mit Küchenrolle trocknen.
2. In einer warmen Pfanne in Olivenöl nur auf einer Seite bräunen und abkühlen lassen.
3. Die Champignons in Butter dämpfen und abkühlen lassen.
4. Das Wildschweinfilet, den Nacken und den Speck in einem Fleischwolf zerkleinern, Ei und Sahne hinzufügen und gut verrühren.
5. Champignons und Wacholderbeeren hineingeben.
6. Das Hack auf die gebräunte Seite des Koteletts geben.
7. Fettnetzstücke auf dem Tisch ausbreiten, die Koteletts darauf legen mit dem Fettnetz einpacken.
8. Die Koteletts im Backofen bei 220° ca. 15 Min. braten.
9. Die Äpfel schälen, Kerngehäuse entfernen und in Stücke schneiden. Ohne Zucker in etwas Wasser ca. 10-15 Min. zu einem Kompott kochen.

Anrichten
Das Kompott auf einen Teller geben und ein Kotelett obenauf legen. Die Soße in einer Sauciere servieren.

Vildsvinekotelet Sankt-Hubert

4 personer

- 4 vildsvinekoteletter à 250 g
- olivenolie
- 100 g vildsvinekød
- 100 g nakkekam
- 100 g spæk
- 1 æg
- 1 dl fløde
- 4 stk. svinenet (25x25)
- 100 g hakkede champignoner
- 100 g smør
- 8 knuste enebær
- 1 kg reinette æbler
- 3 dl sauce poivrade
- salt og peber

Skyl koteletterne og tør dem godt med papir fra køkkenrullen. Brun dem kun på en side i olivenolie på en varm pande. Lad dem køle af. Damp champignonerne i smør. Lad dem køle af. Hak vildsvinekød, nakkekam og spæk i en kødhakker. Tilsæt æg og fløde. Rør massen godt igennem. Tilsæt champignoner og enebær. Fordel farsen på den brunede side af koteletterne. Bred svinenettet ud på bordet. Læg koteletterne oven på og pak dem ind i svinenettet. Steg koteletterne på bagepapir i ovnen ved 220 grader i ca. 15 min. Skræl æblerne, fjern kernehuset og skær dem i stykker. Kog æblerne uden sukker i lidt vand i ca. 10-15 min. til en god kompot.

Anretning
Placer kompotten på en tallerken og anret koteletterne oven på. Server saucen i en saucekande.

Wein/Vin
Côte Rotie (Guigal)

Pastete aus Wildkaninchen
für 8 Personen

Zutaten
- 400 g Wildkaninchenfleisch
- 300 g Schweinefleisch
- 100 g gehackte Kalbsleber
- 50 g weißer, in Scheiben geschnittener Speck
- 30 g Butter
- 300 g frischer, in Würfel geschnittener Speck
- 40 g in kleine Würfel geschnittenes Weißbrot
- 1 Zwiebel
- 1 Knoblauchzehe
- 1 Eiweiß
- 2 dl Créme fraîche
- jeweils 1 Teelöffel Thymian, Rosmarin, Basilikum (gehackt)
- 20 grüne Pfefferkörner
- Salz und Pfeffer
- 3 Lorbeerblätter
- 14 Wacholderbeeren

Zubereitung
1. Das Kaninchen- und Schweinefleisch in Streifen schneiden.
2. Die Zwiebel schälen und in Scheiben schneiden, die Knoblauchzehe zerdrücken.
3. Die Zwiebelscheiben in Butter dämpfen und auf die Fleischstreifen legen.
4. Etwas Salz, Thymian, Basilikum, Rosmarin, Knoblauch, Pfefferkörner und Brot hinzufügen.
5. Die Créme fraîche mit dem Eiweiß vermengen und in den Kühlschrank stellen.
6. Das Fleisch und die Kalbsleber mixen, die Speckwürfel unterheben und mit Salz und Pfeffer abschmecken. Eine feuerfeste Form mit Speckscheiben auslegen.
7. 3-4 Speckscheiben auf die Pastete legen und mit Lorbeerblättern und Wacholderbeeren dekorieren.
8. Die Form in ein Wasserbad stellen und bei 200° ca. 1 Stunde im Backofen backen, danach 24 Stunden kalt stellen. Die Leberpastete in der Form belassen und in Scheiben schneiden.

Anrichten
Die Leberpastete wird in der Form serviert. Als Beilage ist ein grüner Salat und geröstetes Landbrot empfehlenswert.

Postej af vildkanin
8 personer

- 400 g kød af en vildkanin
- 300 g svinekød
- 100 g hakket kalvelever
- 350 g hvid spæk skåret i skiver
- 30 g smør
- 300 g fersk spæk skåret i terninger
- 40 g franskbrød skåret i små terninger
- 1 løg
- 1 fed hvidløg
- 1 æggehvide
- 2 dl cremefraiche
- 1 tsk hakket timian
- 1 tsk hakket rosmarin
- 1 tsk hakket basilikum
- 20 grønne peberkorn
- salt og peber
- 3 laurbærblade
- 14 enebær

Skær kaninkødet og svinekødet i strimler. Knus hvidløget. Skær løget i skiver og damp dem i smør. Læg løgskiverne på kødstrimlerne. Tilsæt lidt salt, timian, basilikum, rosmarin, hvidløg, peberkorn og brød. Pisk cremefraiche sammen med æggehviden. Hæld det over kødet. Stil det i køleskabet i 12 timer. Miks kødet med kalveleveren. Tilsæt spækterningerne. Smag farsen til med salt og peber. Fyld den i et ildfast fad, der er foret med spækskiver. 3-4 spækskiver lægges over postejen. Pynt med laurbærblade og enebær. Tænd ovnen og indstil den på 200 grader. Sæt formen i vandbad. Bag postejen i ca. 1 time. Sæt den koldt i 24 timer. Lad postejen blive i formen og skær dem i skiver.

Anretning
Postejen serveres i formen. Velegnet som garniture er en grøn salat og ristet landbrød.

Wein/Vin
Chinon (Loire)

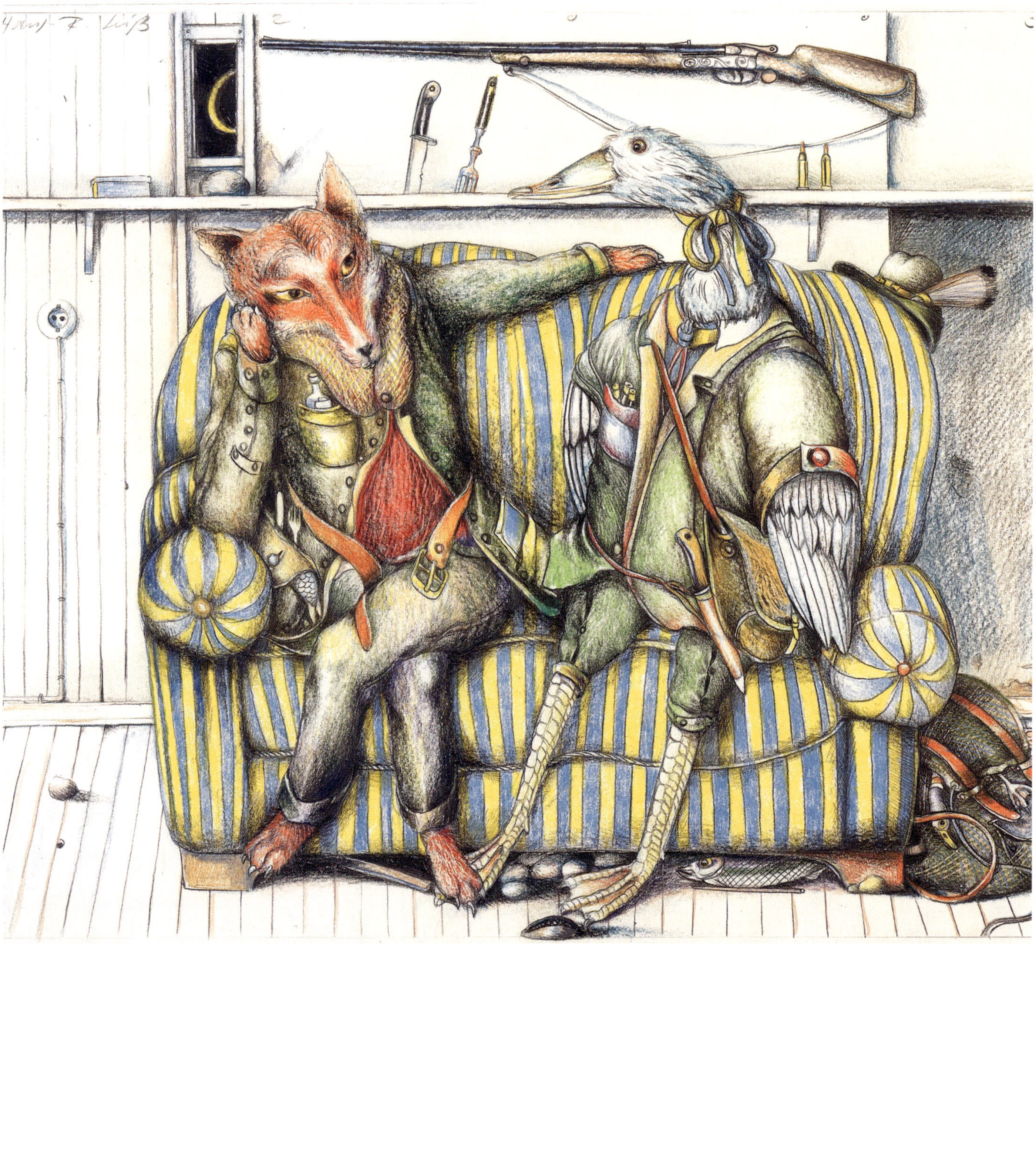

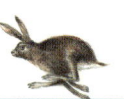

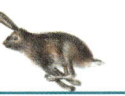

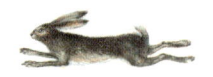

Wildkaninchen in Senfsoße und Madeira

für 4 Personen

Zutaten
- 2 Wildkaninchenrücken
- 100 g weißer, in Streifen geschnittener Speck
- 3 dl Madeira
- 1 Bouquet Garni (Petersilie, Thymian, Lorbeer)
- 60 g Senf
- 3 dl Créme fraîche
- 100 g Butter
- Salz und Pfeffer

Zubereitung
1. Die Wildkaninchenrücken werden 12 Stunden mit Salz, Pfeffer, Kräutern und Madeira mariniert.
2. Danach die Kaninchenrücken sorgfältig mit Küchenrolle trocken tupfen.
3. Das Fleisch mit Senf bestreichen, dann die Butter darüber verteilen.
4. Die Wildkaninchenrücken bei 200° ca. 20 Min. im Backofen braten.
5. Das Fleisch im ausgeschalteten Ofen (evtl. in Folie gepackt) warm halten.
6. Die Marinade zusammen mit der Créme fraîche herunterkochen.
7. Zum Schluss die Soße noch einmal aufkochen und mit Salz und Pfeffer abschmecken.

Anrichten
Das Fleisch vom Knochen lösen, auf einem Teller anrichten, die Soße darauf gießen und das Gericht evtl. mit Pasta servieren.

Vildkanin i sennepsauce og madeira

4 personer

- 2 stk vildkaninryg
- 100 g hvid spæk skåret i strimler
- 3 dl madeira
- 1 bouquet garni (persille, timian, laurbær)
- 60 g sennep
- 3 dl cremefraiche
- 100 g smør
- salt og peber

Afpuds kødet. Fjern evt. sener og hinder. Spæk ryggene med spækstrimler. Kødet marineres med salt, peber, krydderierne og madeira i 12 timer. Tag ryggene op og tør dem godt med papir fra køkkenrullen. Kødet smøres med sennep. Smørret fordeles oven på.
Steg ryggene i ovnen ved 200 grader i ca. 20 min. Hold kødet varmt i den slukkede ovn, evt. indpakket i folie. Marinaden indkoges sammen med cremefraichen. Til sidst koges saucen endnu engang op og smages til med salt og peber.

Anretning
Skær kødet fra ryggene. Anret det på en tallerken. Hæld lidt sauce over og server evt. retten med pasta.

Wein/Vin
Corbiéres

Gedämpftes Damwildfilet mit Basilikum und Schalottenzwiebelbutter
für 4 Personen

Zutaten
- 2 x 300 g Damwildfilet
- 1/2 dl Wildfumet
- 5 Zweiglein Basilikum
- Salz und Pfeffer

Soße
- 3 fein gehackte Schalottenzwiebeln
- 25 g Butter
- 2 dl Rotwein
- 1 Essl. Kastanienhonig
- 200 g kalte, in kleine Würfel geschnittene Butter

Zubereitung
1. Die Basilikumblätter von den Stielen entfernen und 6 Blätter aufbewahren.
2. Das Wildfumet in einen Topf geben und das Basilikum hinzufügen.
3. Die Flüssigkeit bei schwacher Hitze ein paar Minuten kochen.

Soße
1. Die 25 g Butter in einem Topf schmelzen und darin die Schalottenzwiebeln dämpfen.
2. Rotwein hinzufügen und die Soße einkochen.
3. Den Honig hineingeben.
4. Die Butterwürfelchen in die Soße schlagen, mit Salz und Pfeffer abschmecken und die 6 gehackten Blätter hinzufügen.

Damwildfilet
1. Das Fleisch mit Salz und Pfeffer einreiben.
2. Das Wildfumet aufkochen.
3. Die Filets in ein Sieb geben und einen Deckel darauf legen.
4. Die Filets über dem Wildfumet ca. 15-18 Min. dämpfen.

Anrichten
Die Filets in Scheiben schneiden. Auf einem Teller zusammen mit der Soße anrichten. Das Gericht entweder zusammen mit Topinambur oder Petersilienwurzeln servieren.

Dampet dådyrefilet med basilikum og skalotteløgsmør
4 personer

- 2 x 300 g dådyrfilet
- 1/2 dl vildtfumet
- 5 stilke basilikum
- salt og peber
- 3 finthakkede skalotteløg
- 25 g smør
- 2 dl rødvin
- 1 spsk kastaniehonning
- 200 g koldt smør skåret i små terninger

Fjern basilikumsbladene fra stilkene. Gem 6 blade. Hæld vildtfumeten i en gryde, tilsæt basilikum. Kog det ved svag varme i få minutet.

Sauce
Smelt 25 g smør i en gryde. Damp skalotteløgene. Hæld rødvin i. Kog saucen ind. Tilsæt honning. Pisk smørterningerne i saucen og smag til med salt og peber. Tilsæt de 6 hakkede basilikumsblade.

Dådyrfilet
Gnid kødet med salt og peber. Kog vildtfumeten op. Læg fileterne i en sigte. Læg låg på og damp kødet over vildtfumeten i ca. 15-18 min.

Anretning
Skær fileterne i skiver. Anret dem sammen med saucen på en tallerken. Server retten enten med topinambur eller persillerødder.

Wein/Vin
Chinon (Loire)

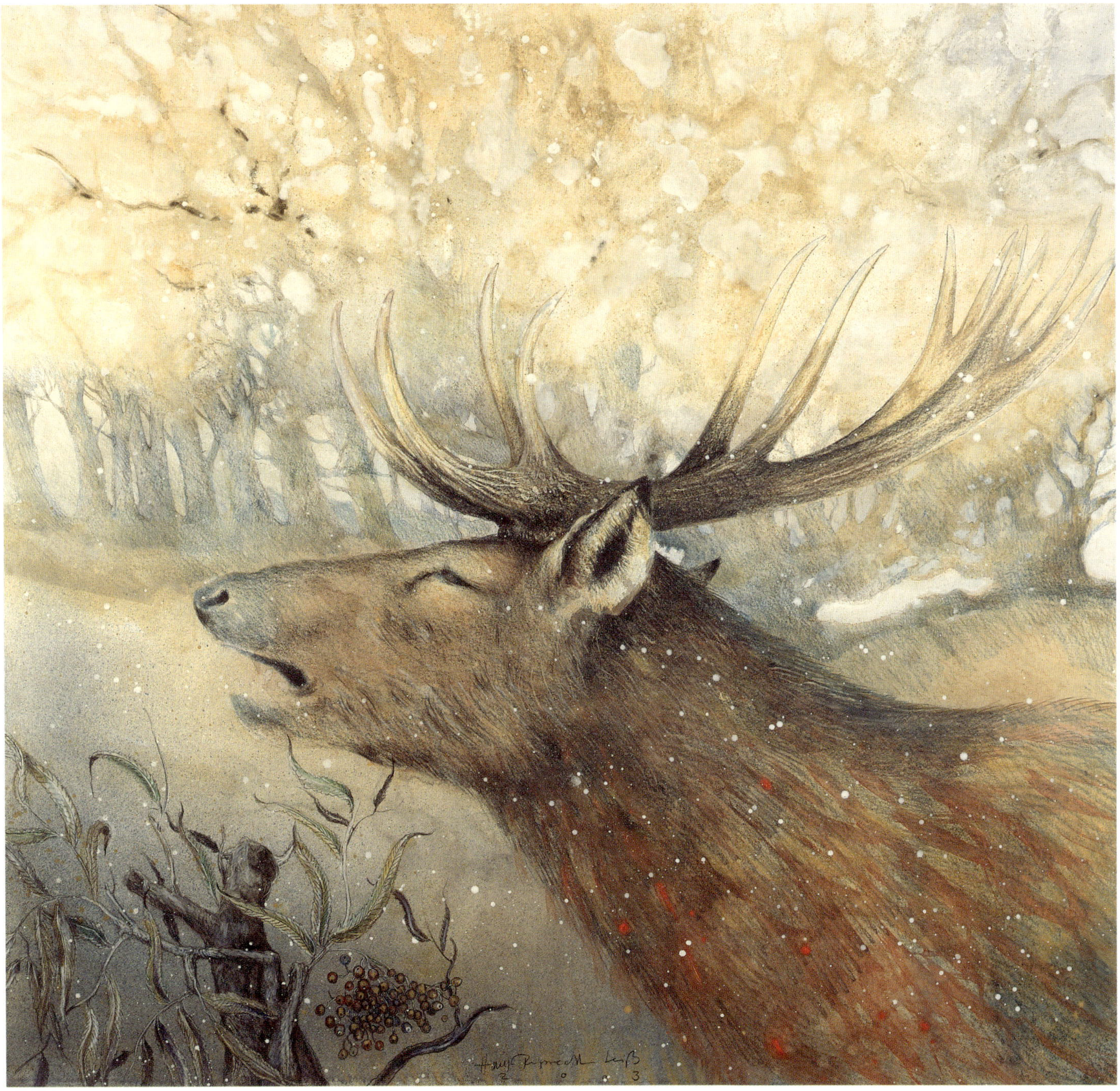

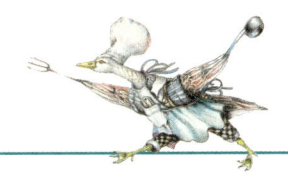

54

Damwildmedaillon mit Tannenhonigsoße

für 8 Personen

Zutaten
- 1,3 kg geputztes Dammwildfilet
- 1/2 l Demi Glace
- 1 dl Portwein
- 100 g Tannenhonig
- 100 g Butter
- 1 dl Olivenöl
- Salz und Pfeffer

Marinade
- 3/4 l Rotwein
- 1 dl Rotweinessig
- 2 Zweiglein Thymian
- 20 g Petersilie
- 20 g Sellerie
- 100 g in Scheiben geschnittene Zwiebeln
- 100 g in Scheiben geschnittene Möhren
- 20 ganze Pfefferkörner
- 1 Lorbeerblatt
- 1 Nelke

Zubereitung
1. Den Rotwein und den Rotweinessig in einen Topf gießen und zum Kochen bringen.
2. Dann die Marinade in eine Schüssel gießen und zum Abkühlen stellen.
3. Die restlichen Zutaten der Marinade vermischen und in die Marinade geben.
4. Das Filet in Medaillons schneiden und in die Marinade legen, mit einer Folie abdecken, in den Kühlschrank stellen und 48 Stunden ziehen lassen.
5. Die Medaillons aus der Marinade nehmen und auf ein Stück Küchenrolle legen.
6. Die Marinade in einen Topf gießen, Demi Glace, Portwein und Honig hinzufügen und durch Kochen auf 1/2 l reduzieren.
7. Die Soße durchseien, Butter einschlagen und mit Salz und Pfeffer abschmecken.
8. Das Olivenöl bei kräftiger Hitze in einer Pfanne erhitzen, die Medaillons ca. 3 Min. auf jeder Seite braten und mit Salz und frisch gemahlenem Pfeffer auf beiden Seiten bestreuen.

Anrichten
Jeweils ein Medaillon auf einem Teller anrichten und die Soße ringförmig um das Medaillon geben. Das Gericht evtl. mit einem guten Kartoffelgratin servieren.

Dådyrmedaillon med granhonningsauce

8 personer

- 1,3 kg afpudset dådyrfilet
- 1/2 l demi glace
- 1 dl portvin
- 100 g granhonning
- 100 g smør
- 1 dl olivenolie
- salt og peber

Marinade
- 3/4 l rødvin
- 1 dl rødvinseddike
- 2 kviste timian
- 20 g persille
- 20 g selleri
- 100 g løg skåret i skiver
- 100 g gulerod skåret i skiver
- 20 hele peberkorn
- 1 laurbærblad
- 1 nellike

Hæld rødvin og rødvinseddike i en gryde. Bring det i kog. Hæld marinaden op i en skål. Sæt den til afkøling. Bland ingredienserne og kom dem i marinaden. Skær fileten i medailloner.
Læg dem i den kolde marinade. Dæk skålen med folie. Sæt kødet i køleskabet. Lad det trække i 48 timer. Tag medaillonerne op og læg dem på et stykke køkkenrulle. Hæld marinaden op i en gryde. Tilsæt demi glace, portvin og honning. Kog det ind til 1/2 l. Sigt saucen. Pisk smør i. Smag til med salt og peber. Varm olivenolie ved ret kraftig varme. Steg medaillonerne i ca. 3 min. på hver side. Drys medaillonerne med salt og friskkværnet peber på begge sider.

Anretning
Medaillonen anrettes på en tallerken. Saucen fordeles rundt om. Server evt. retten med en god kartoffelgratin.

Wein/Vin
Saint Amour (Beaujolais)

Damwildsteak mit exotischen Kräutern
für 8 Personen

Zutaten
    8 Damwildsteaks à 150 g
    3 dl Olivenöl
    1/2 l Wildfumet
    100 g Zucker
    1 dl Xéres-Weinessig
    10 g Kräuter (Anis, Muskat, Zimt, Wacholderbeeren)
    1/3 Vanillinschote
    5 dl Portwein
    30 g kalte Butter
    Salz und Pfeffer

Marinade
    2 dl Olivenöl
    gemahlener Pfeffer
    etwas Thymian
    1 Lorbeerblatt
    etwas Rosmarin

Zubereitung

Marinade
    Alle Zutaten der Marinade vermengen und in eine Schüssel geben Das Fleisch in die Marinade legen, die Schüssel mit Klarsichtfolie abdecken, in den Kühlschrank stellen und 24 Stunden ziehen lassen.

Soße
1. Den Zucker in einen Topf geben und unter ständigem Umrühren schmelzen und bräunen.
2. Den Essig hineingießen und herunterkochen
3. Den Portwein und die Kräuter hinzufügen.
4. Alles bis auf 2/3 durch Kochen reduzieren.
5. Wildfumet eingießen und zu einer passenden Konsistenz herunterkochen und durch ein Sieb seien.
6. Butter einschlagen und mit Salz und Pfeffer abschmecken.

Damwildsteak
1. Das Fleisch aus der Marinade nehmen und mit einem Küchentuch trocken tupfen.
2. Beidseitig sorgfältig mit Salz und Pfeffer bestreuen.
3. Butter in einer Pfanne schmelzen, bis sie ganz klar ist.
4. Die Steaks unter kräftiger Hitze 2-3 Min. auf beiden Seiten braten.

Anrichten
    Jeweils ein Steak auf einem Teller platzieren und die Soße dazugeben. Das Gericht eventuell mit roh gebratenen Kartoffeln, mit Speckwürfeln und ein wenig Thymian servieren.

Dådyrsteak med eksotiske krydderier
8 personer

8 dådyrsteaks à 150 g
3 dl olivenolie
1/2 l vildtfumet
100 g sukker
1 dl xéreseddike
10 g krydderier (anis, muskat, kanel, enebær)
1/3 vanillestang
5 dl portvin
30 g koldt smør
salt og peber

Marinade
2 dl olivenolie
knust peber
lidt timian
1 laurbærblad
lidt rosmarin

Tilbered marinaden. Hæld den op i en skål. Læg kødet i marinaden. Dæk skålen med folie. Sæt kødet i køleskabet. Lad det trække i 24 timer.

Sauce
Sukkeret smeltes og brunes under konstant omrøring i en gryde. Hæld eddike i og kog det ind.
Tilsæt krydderier og portvin. Kog det ind til 2/3. Hæld vildtfumet i. Kog det ind til en passende konsistens. Sigt saucen. Pisk smør i saucen. Smag til med salt og peber.

Dådyrsteak
Tag kødet op af marinaden. Dryb det godt af på et stykke køkkenrulle. Drys steakene med salt og peber. Smelt smørret på en pande til det er helt klart. Steg steakene ved kraftig varme i 2-3 min. på hver side.

Anretning
Placer steaken på en tallerken. Hæld saucen ved. Server evt. retten med råstegte brasede kartofler med spækterninger og en smule timian.

Wein/Vin
Les Graviéres (Santenay)

57

Filet vom Rothirsch mit Sellerie und Kürbis

für 4 Personen

Zutaten
- 4 geputzte Rothirschfilets à 180 g zu Tournedos geschnitten
- 3 dl Sauce Poivrade
- 4 Zweiglein Thymian
- 500 g in 1/2 cm dicke Scheiben geschnittener Sellerie
- 500 g in 1/2 cm dicke Scheiben geschnittener Kürbis
- 1 Zitrone
- 20 kernlose Weintrauben
- 3 dl Olivenöl
- 150 g Butter
- Salz und Pfeffer

Zubereitung
1. Die Sellerieschaben in Kreisform ausstechen, ca. 5 Min. in Zitronenwasser blanchieren.
2. Gut abtropfen lassen, in Butter und Olivenöl braten und mit Salz und Pfeffer bestreuen.
3. Den gleichen Vorgang (von 1. und 2.) mit dem Kürbis durchführen.
4. Die Weintrauben in Olivenöl und Butter bräunen.
5. Die Tournedos mit Salz, Pfeffer und den Thymianblättern bestreuen.
6. Die Tournedos in einer Pfanne unter kräftiger Hitze ca. 4 Min. beidseitig in Butter braten.

Anrichten
Die Tournedos auf Teller legen, den Sellerie, den Kürbis und die Weintrauben dazugeben, die Soße wird in einer Sauciere serviert.

Filet af krondyr med selleri og græskar

4 personer

- 4 afpudsede krondyrfileter à 180 g skåret i tournedoser
- 3 dl sauce poivrade
- 4 kviste timian
- 500 g selleri skåret i 1/2 cm tykke skiver
- 500 g græskar skåret i 1/2 cm tykke skiver
- 1 citron
- 20 vindruer uden kerner
- 3 dl olivenolie
- 150 g smør
- salt og peber

Udstik selleri i cirkler. Blancher dem i citronvand i ca. 5 min. Dryb dem godt af. Steg dem i olivenolie og smør. Drys med salt og peber. Udstik græskar i cirkler. Steg dem på samme måde som sellerien. Brun vindruerne i olivenolie og smør. Drys tournedoserne med salt, peber og timianblade. Steg dem ved kraftig varme i olivenolie og lidt smør i ca. 4 min. på hver side.

Anretning
Anret tournedosen på en tallerken. Placer selleri, græskar og vindruer rundt om. Saucen serveres i en saucekande.

Wein/Vin
Cornas

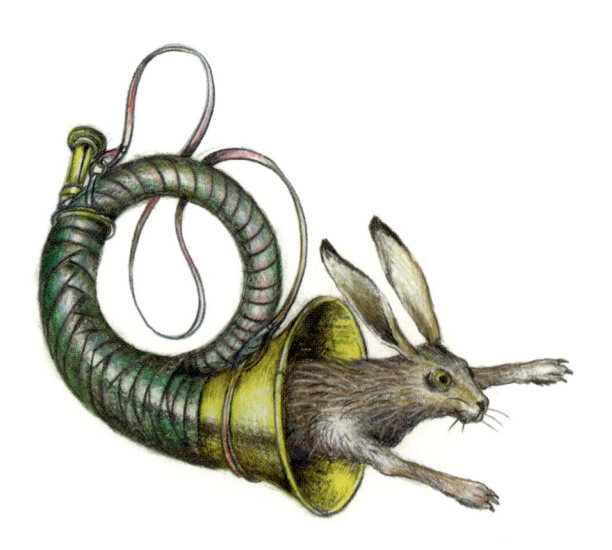

Rothirschrücken mit Kirschen

für 8 Personen

Zutaten
- 1 Rothirschrücken (2,5-3 kg)
- 100 g in Scheiben geschnittener Speck
- 200 g entkernte Kirschen
- etwas Thymian
- 8 Wacholderbeeren
- 40 g Butter
- 1 dl Olivenöl
- 5 dl Rotweinsoße
- 0,5 dl Kirschlikör
- Salz und Pfeffer

Zubereitung
1. Das Fleisch putzen, Sehnen und Häute entfernen.
2. Mit Küchentuch abtupfen.
3. Den Rücken in eine Pfanne legen und unter kräftiger Hitze in Olivenöl und Butter bräunen.
4. Wacholderbeeren und Thymian auf den Rothirschrücken legen und mit Speckscheiben abschließen.
5. Den Hirschrücken im Backofen bei 220° ca. 35-40 Min. braten. Während des Bratens alle 10 Min. mit Fett übergießen.
6. Nach 45 Min. das Fett abgießen, die Kirschen zum Hirschrücken geben und 10 Min. im Ofen weiterbraten.
7. Das Fleisch (evtl. in Folie gepackt) im ausgeschalteten Ofen noch 15 Min. warm halten.
8. Die Rotweinsoße in einem Topf erwärmen, die Kirschen und den Kirschlikör hinzufügen, mit Salz, Pfeffer und evtl. etwas Butter abschmecken.
9. Das Fleisch vom Knochen lösen und in Filets schräg zerschneiden.

Anrichten
Das Fleisch auf eine warme Platte legen, die Kirschsoße darüber gießen und das Gericht mit kleinen ganzen Kartoffeln oder mit in Butter gekochten grünen Bohnen servieren.

Dyreryg af krondyr med kirsebær

8 personer

- 1 dyreryg af krondyr (2,5kg-3kg)
- 150 g spæk skåret i skiver
- 200 g kirsebær uden sten
- lidt timian
- 8 enebær
- 40 g smør
- 1 dl olivenolie
- 5 dl rødvinssauce (tillæg)
- 0,5 dl kirsebærlikør
- salt og peber

Afpuds kødet. Fjern evt. sener og hinder. Tør det med papir fra køkkenrullen. Læg ryggen i en bradepande. Brun den ved kraftig varme i olivenolie og smør. Læg timian og enebær på. Afslut med spækskiverne. Steg ryggen i ovnen ved 220 grader i ca. 35-40 min. Under stegningen dryppes kødet hver tiende min. med fedtet. Efter 45 min. hældes fedtet fra. Kirsebær tilsættes og ryggen steges endnu i 10 min. Hold kødet varmt i den slukkede ovn i 15. min. Det pakkes evt. ind i folie. Tag kirsebær op. Kom dem i rødvinssaucen. Hæld kirsebærlikør i. Smag til med salt, peber og evt. lidt smør. Skær kødet fra ryggen. Skær fileterne i skrå skiver.

Anretning
Anret kødet på et varmt fad. Hæld kirsebærsauce over. Server retten evt. med små, hele brasede kartofler og evt. smørkogte grønne bønner.

Wein/Vin
Rotwein aus Cahors

Wildentenbrust mit Brombeere und Steinpilzen (Karl Johan)

für 4 Personen

Zutaten

2 Wildenten
30 g Butter
Salz und Pfeffer

Soße

100 g Brombeeren
50 g Zucker
Saft von einer Apfelsine
Saft von einer 1/2 Zitrone
1 dl Cointreau
40 g kalte Butter
4 dl Demi Glace
Salz und Pfeffer

Garnitur

100 g Brombeeren
2 dl Wasser
1 Essl. Cointreau
100 g Zucker

Steinpilze

300 g gereinigte Steinpilze
2 gehackte Schalottenzwiebeln
1 Essl. gehackte Petersilie
60 g Butter
Salz und Pfeffer

Zubereitung

Wildenten

1. Die Enten gut spülen und mit Küchenrolle sorgfältig trocknen.
2. Die Schenkel und Flügel mit Fleischspießen fixieren.
3. Die Enten in Butter goldbraun anbraten.
4. Danach im Backofen bei 200° 20-25 Min. braten.
5. Die Wildenten aus dem Backofen nehmen und die Schenkel abtrennen.
6. Diese weitere 10 Min. im Backofen braten und etwas später servieren.
7. Brustfleisch vom Knochen lösen und in schräge Scheiben schneiden.

Soße

1. Den Zucker in einem Topf unter ständigem Umrühren und mit Zugabe von etwas Wasser schmelzen und bräunen.
2. Essig, Zitronensaft, Apfelsinensaft und Brombeeren hinzufügen.
3. Zu einer sirupartigen Masse einkochen.
4. Cointreau und Demi Glace hinufügen.
5. Die Soße zu einer passenden Konsistenz herunterkochen und durchseihen.
6. Die Butter einschlagen und mit Salz und Pfeffer abschmecken.

Garnitur

1. Wasser, Cointreau und Zucker in einen Topf geben, zum Kochen bringen und kochen, bis der Zucker geschmolzen ist.
2. Dann die Brombeeren hineinlegen, den Topf vom Feuer nehmen, die Masse in eine Schüssel füllen, diese mit Folie abdecken und in den Kühlschrank stellen und 48 Stunden ziehen lassen.

Steinpilze

1. Die Steinpilze in Scheiben schneiden.
2. Butter in einer Pfanne bräunen, die Pilze hineinlegen und bei starker Hitze bräunen.
3. Schalottenzwiebeln, Petersilie, Salz und Pfeffer hinzufügen.
4. Die Pilze zum Abtropfen in ein Sieb geben.

Anrichten

Die Pilze auf 4 Teller verteilen, das Fleisch darauf legen.
Die Soße und die Brombeeren ringförmig um das Fleisch geben.
Nach einer kleinen Pause werden die Schenkel evtl. mit etwas Salat serviert.

Vildandebryst med brombær og Karl Johan svampe
4 personer

2 vildænder
30 g smør
salt og peber

Skyl og tør ænderne godt med køkkenrulle. Sæt lår og vingerne op med kødpinde. Brun ænderne i gyldent smør. Steg dem derefter i ovnen ved 200 grader i ca. 20-25 min. Skær lårene af og steg dem i 10 min. mere. Server dem lidt senere. Løs kødet fra brystbenet. Skær det i stykker på tværs.

Sauce
150 g brombær
50 g sukker
saften fra 1 appelsin
saften fra 1/2 citron
15 cl xéreseddike
1 dl cointreau
40 g koldt smør
4 dl demi glace
salt og peber

Sukkeret smeltes og brunes under konstant omrøring i en gryde. Hæld lidt vand ved. Tilsæt eddike, citronsaft og appelsinsaft og brombær. Kog det ind til en sirup. Tilsæt cointreau og demi glace. Kog saucen ind til en passende konsistens. Sigt saucen. Pisk smørret i. Smag til med salt og peber.

Garniture
100 g brombær
2 dl vand
1 spsk cointreau
100 g sukker

300 g rensede Karl Johan svampe
2 hakkede skalotteløg
1 spsk hakket persille
60 g smør
salt og peber

Bland vand, cointreau og sukker i en gryde. Bring det i kog. Lad lagen koge, til sukkeret er smeltet. Læg brombærrene i lagen. Tag gryden fra komfuret. Hæld det op i en skål. Sæt den til afkøling. Dæk skålen med folie. Sæt den i køleskabet. Lad brombærrene trække i 48 timer.

Skær svampene i skiver. Brun smørret på en pande, læg svampene på og rist dem ved ret kraftig varme. Tilsæt skalotteløg, persille, salt og peber. Hæld svampene til afdrybning i en sigte.

Anretning
Placer svampene på en tallerken. Læg kødet oven på. Saucen og brombær placeres rundt om.
Efter en lille pause serveres lårene evt. med en salat.

Wein/Vin
Les Petit Musigny (Bourgogne)

Beilagen, Soßen und Fonds

Glasierte Petersilienwurzeln

Zutaten

    8 Petersilienwurzeln
    1 in kleine Würfel gehackte Zwiebel
    100 g in kleine Würfel gehackter Sellerie
    2 dl Weißwein
    150 g Butter
    1 dl Olivenöl
    1 Essl. gehackte Petersilie
    Salz und Pfeffer

Zubereitung

1. Die Petersilienwurzeln schälen und in Viertel schneiden.
2. Die Stücke in einer Grillpfanne grillen.
3. 50 g Butter in einem Topf schmelzen, den Sellerie und die Zwiebel hineingeben und kurz dämpfen.
4. Den Weißwein und die Petersilienwurzel hinzufügen und 5 Min. dämpfen.
5. Den Rest der Butter, Salz und Pfeffer dazugeben und weitere 10-15 Min. dämpfen. Zum Schluss die Petersilie hinzufügen.

Vinaigrette

Zutaten

    1 dl Balsamicoessig
    1 dl Olivenöl
    1 dl Haselnussöl
    1 dl Walnussöl
    30 g Senf
    Salz und Pfeffer
    1 Teel. fein gehackter Estragon
    1 fein gehackte Schalottenzwiebel
    1 fein gehackte Knoblauchzehe

Zubereitung

1. Balsamicoessig, Senf, Salz und Pfeffer mit dem Schneebesen gut durchschlagen.
2. Nach und nach das Öl einarbeiten, so lange schlagen, bis die Soße eine geschmeidige Konsistenz hat.
3. Estragon, Schalottenzwiebeln und Knoblauch hinzufügen.

Rotkohl mit Feigen

Zutaten

    ca. 1 kg Rotkohl
    100 g Entenfett
    1 dl Balsamicoessig
    4 in kleine Würfel geschnittene Feigen

Zubereitung

1. Den Kohl fein zerkleinern.
2. Entenfett in einem Topf schmelzen, den Kohl hineinlegen und bei schwacher Hitze mindestens 10 Min. dämpfen.
3. Dann ca. 1 Stunde bei schwacher Hitze und geschlossenem Deckel dämpfen.
4. Balsamicoessig, Salz und Pfeffer hinzufügen, eine weitere Stunde dämpfen und zum Schluss die Feigenwürfelchen hinzufügen.
5. Den Kohl nochmals mit allen Zutaten ca. 20 Min. dämpfen.

Bilag, saucer og fonds

Glaserede persillerødder

8 persillerødder
1 løg hakket i små terninger
100 g selleri skåret i små terninger
2 dl hvidvin
150 g smør
1 dl olivenolie
1 spsk hakket persille
salt og peber

Skræl persillerødderne og del dem i kvarte. Grill dem på en grillpande. Smelt 50 g smør i en gryde. Læg grønsagerne i og dampkog dem i kort tid. Tilsæt persillerødderne og hvidvin. Dampkog det i 5 min. Tilsæt resten af smørret, salt og peber. Dampkog det i ca. 10-15 min.
Tilsæt persille.

Vinaigrette

1 dl balsamicoeddike
1 dl olivenolie
1 dl hasselnøddeolie
1 dl valnøddeolie
30 g sennep
salt og peber
1 tsk finthakket estragon
1 finthakket skalotteløg
1 finthakket fed hvidløg

Pisk balsamicoeddike, sennep, salt og peber godt sammen. Pisk olie i lidt efter lidt. Pisk indtil saucen har en smidig konsistens. Tilsæt estragon, skalotteløg og hvidløg.

Rødkål med figner

ca. 1 kg rødkål
100 g andefedt
1 dl balsamicoeddike
4 figner skåret i små terninger
salt og peber

Snit kålen fint. Smelt andefedt i en gryde. Læg kål i. Dampkog kålen ved svag varme og under låg i ca. 10 min. Tilsæt balsamicoeddike, salt og peber. Dampkog det i ca. 1 time.
Tilsæt til sidst figenterningerne. Dampkog kålen med alle ingredienser i ca. 20 min.

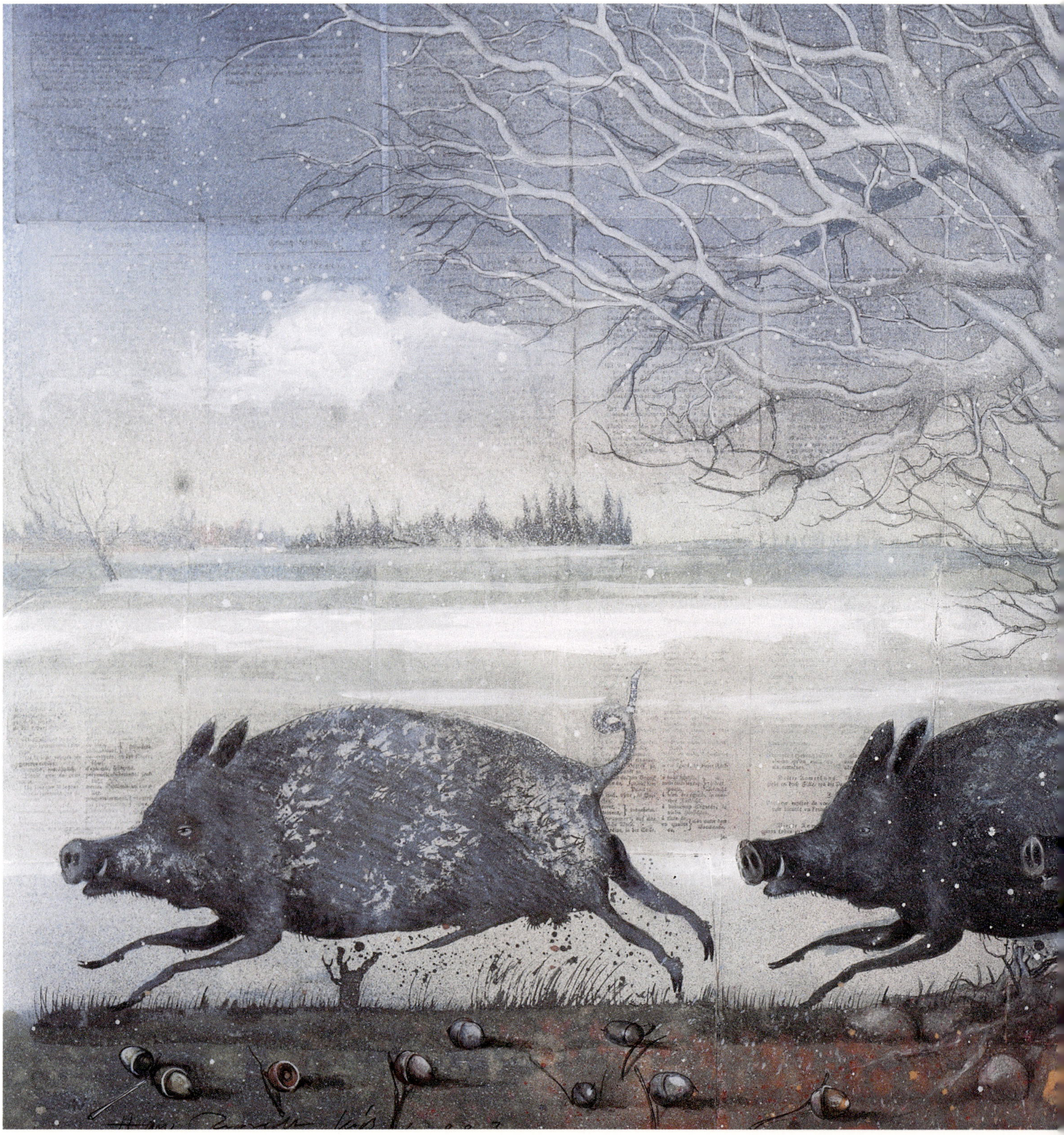

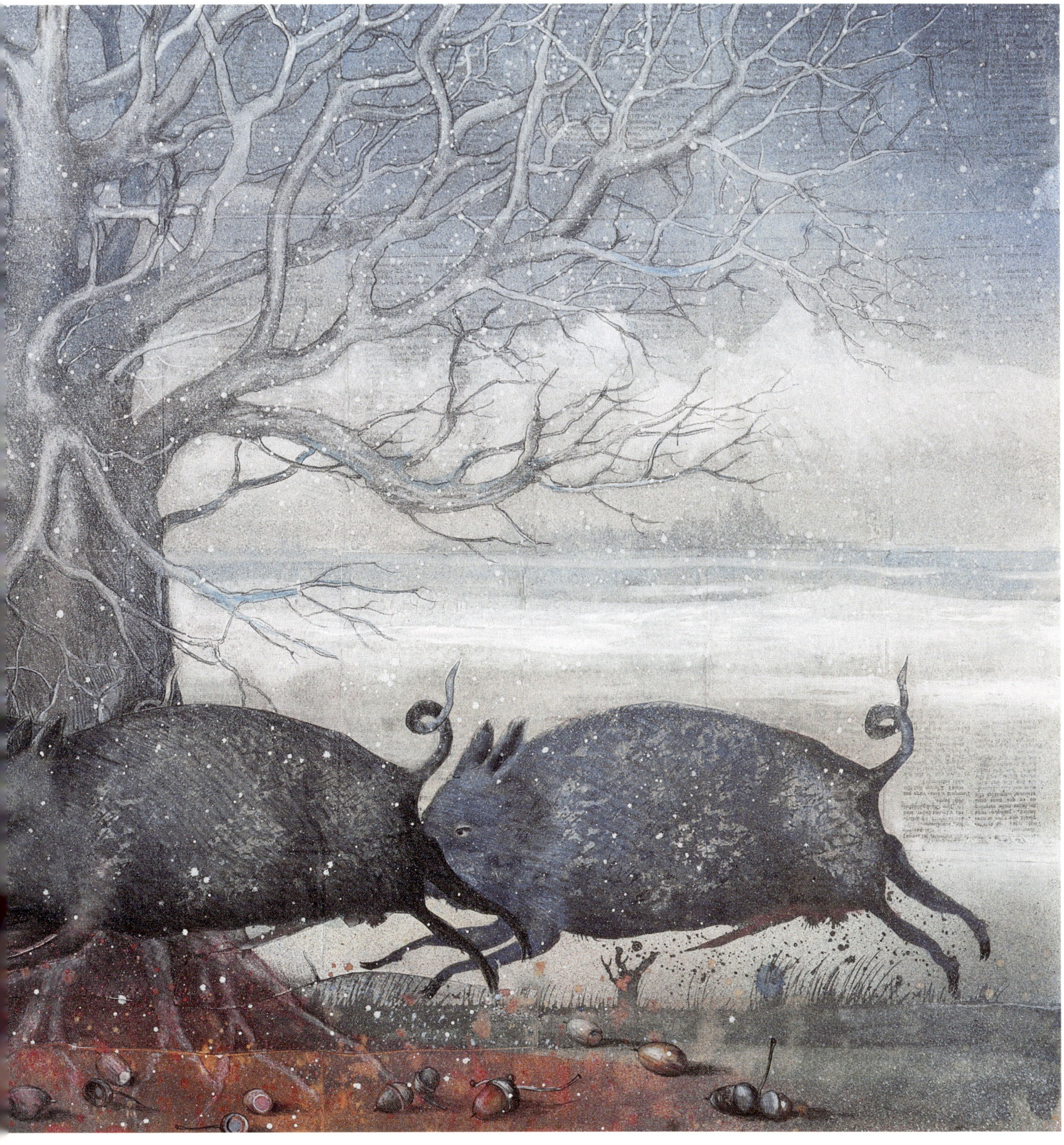

Rotweinsoße

Zutaten
   3 dl guter Rotwein
   1 1/2 dl Portwein
   2 fein gehackte Schalottenzwiebeln
   2 fein gehackte Champignons
   150 g Butter

Zubereitung
   Alle Zutaten vermengen und kochen. Dann den Fond langsam herunter-
   kochen bis auf 1/2 dl, danach mit ca. 150 g kalter Butter aufschlagen.

Demi Glace

Zutaten
   7,5 kg Kraftknochen
   7,5 kg Möhren
   5 kg Zwiebeln
   1 Sellerieknolle
   3 Porreestangen
   Thymian
   100 g Tomatenmark

Zubereitung
1. Die Knochen im Ofen backen, bis sie gebräunt sind.
2. Die Knochen in 25 l Wasser geben und 3 Stunden kochen lassen.
3. Das Gemüse zerkleinern, zusammen mit dem Tomatenmark und den Kräutern zu den Knochen in den Topf geben und 10 Stunden kochen. Dann durch ein feines Sieb seien und nochmals so lange kochen, bis eine sämige Konsistenz entsteht.
4. Nach dem Abkühlen in kleine Würfel schneiden, in Folie wickeln und einfrieren.

Pfeffersoße (Sauce Poivrade)

Zutaten
   20 g Möhren
   20 g Sellerie
   20 g Zwiebeln (alles in groben Würfeln)
   5 dl Rotweinessig
   2 dl Rotwein
   2 dl Kalbsfond (s. Demi Glace)
   3 dl Cognac
   1/2 l Wildfumet
   1 Essl. Pfeffer aus der Mühle (3 verschienene Sorten gemischt)
   Meersalz

Zubereitung
1. Das in grobe Würfel gehackte Gemüse und die Zwiebeln in einem Bräter bräunen, den Pfeffer hinzufügen.
2. Mit Cognac flambieren, den Essig hineingießen und ganz herunterko-chen.
3. Kalbsfond und Wildfumet dazugeben und zu einer passenden Konsistenz einkochen.
4. Durch ein feines Sieb seien.
5. Die Soße mit ein wenig Butter aufschlagen und mit Meersalz ab-schmecken.
6. Durch die Zugabe von Gelee aus roten Johannisbeeren erhält die Soße einen etwas milderen Geschmack.

Wildfumet

Zutaten
   500 g Knochen z. B. von Fasan, Hase oder Reh
   5 cl Öl
   100 g Möhren
   100 g Zwiebeln
   100 g Sellerie
   5 cl Rotweinessig
   1 Knoblauch
   1 Zweiglein Salbei, 5 Zweiglein Thymian, 2 Zweiglein Petersilie
   1 Teel. gemahlener Pfeffer
   3 l Wasser

Zubereitung
1. Die Knochen in kleine Stücke zerhacken.
2. Das Gemüse putzen und in grobe Stücke schneiden.
3. Das Öl in einem Topf erhitzen und darin die zerkleinerten Knochen bräunen.
4. Das Gemüse hinzufügen und ca. 3 Min. dämpfen.
5. Essig hineingeben und alles herunterkochen.
6. Wasser, Kräuter und Knoblauch beimengen.
7. Langsam zum Kochen bringen und ca. 2 Stunden köcheln lassen.
8. Mehrmals aufschäumen.
9. 10 Min. bevor der Fond fertig ist, den gemahlenen Pfeffer und den Rosmarin hinzufügen.
10. Die Masse durchseien und in passenden Mengen einfrieren.

Rødvinssauce

3 dl god rødvin
1 1/2 l portvin
2 finthakkede løg
2 finthakkede champignoner

Kog alt ind til 11/2 dl og tilsæt 150 g koldt smør under piskning.

Demi Glace

15 kg kraftben
15 kg gulerødder
10 kg løg
2 selleri
6 porrer
timian
200 g tomatpuré

Brun benene på alle sider i ovnen ved 200 grader i ca. 15 min. Læg dem i en gryde og hæld 25 l vand i. Bring vandet i kog. Skum meget omhyggeligt. Skru ned for varmen og kog benene i 3 timer. Læg grønsagerne i, tilsæt tomatpuré og kog det ved meget svag varme i 12 timer. Skum ofte. Si fonden og kog den derefter ind til en passende konsistens. Lad det afkøle og sæt det koldt. Skær skyen i terninger. Pak dem ind i folie og sæt dem i fryseren.

Sauce poivrade

20 g grofthakket gulerod
20 g grofthakket selleri
20 g grofthakket løg
olivenolie
5 dl rødvinseddike
2 dl rødvin
2 dl kalvefond (se demi glace)
3 dl cognac
1/2 l vildtfumet
1 spsk knust peber (3 forskellige slags blandes sammen)
havsalt

Brun grønsagerne i olivenolie og tilsæt knust peber. Flamber grønsagerne med cognac, tilsæt eddike og kog det helt ind. Kom kalvefond og vildtfumet i og kog det ind til en passende konsistens. Sigt det gennem en fin sigte. Monter saucen med lidt koldt smør og smag den til med havsalt. En klat ribsgelé blødgør saucen.

Vildtfumet

500 g ben (f. eks. fasan, hare, rådyr)
5 cl olivenolie
100 g grofthakket gulerod
100 g grofthakket løg
100 g grofthakket selleri
5 cl rødvinseddike
3 l vand
1 fed hvidløg
1 kvist salvie, 5 kviste timian, 5 kviste persille
1 kvist rosmarin
1 tsk knust peber
3 l vand

Hak benene i små stykker. Varm olien i en gryde og brun benene. Tilsæt grønsagerne og damp det i ca. 3 min. Tilsæt eddike og kog det ind. Hæld vandet i gryden og tilsæt salvie, timian, persille og hvidløg. Småkog det i ca. 2 timer. Skum ofte omhyggeligt. Tilsæt peber og rosmarin 10 min. inden fonden er færdig. Si fonden gennem en meget fin sigte eller gennem et viskestykke. Lad fonden afkøle og sæt den koldt.

Kleines Küchenlexikon

Banyuls
süßlicher Rotwein aus Südfrankreich

Consommé
Bouillon

Crepinetten
in Fettnetz gepresste Speise

Fumet
Fond oder Sud

Linsenvelouté
Linsensuppe

Julienne
in sehr feine Streifen geschnitten

marinieren
etwas eine Zeit lang in eine Marinade einlegen

Paupiette
Kalbsroulade, hier aus Reh

Pilzduxelle
Pilzkompott, aus Champignons und Zwiebeln in Butter angeschwitzt

Spätzle
schwäbische Nudelspezialität

Sauce Poivrade
Pfeffersauce

Topinambur
kartoffelähnliches Gemüse

Tournedos
Filet in Medaillons geschnitten

Xéres-Weinessig
spanischer Weinessig aus Xéres

Et lille køkkenleksikon

banyuls
en sødlig rødvin fra Sydfrankrig

consommé
bouillon

crépinette
en lille kotelet af hakket kød

fumet
fond eller lage

linsevelouté
linsesuppe

Julienne
skåret i meget tynde striber

at marinere
at lægge noget i marinade

paupiette
farceret (kalve)roulade

sauce poivrade
pebersauce

spätzle
sydtysk nudelspecialitet (Schwaben)

svampeduxelle
en blanding af champignoner og løg

topinambur
jordskok

tournedos
et stykke filet skåret i skiver

xéresvineddike
eddike lavet af spanske druer fra Xéres

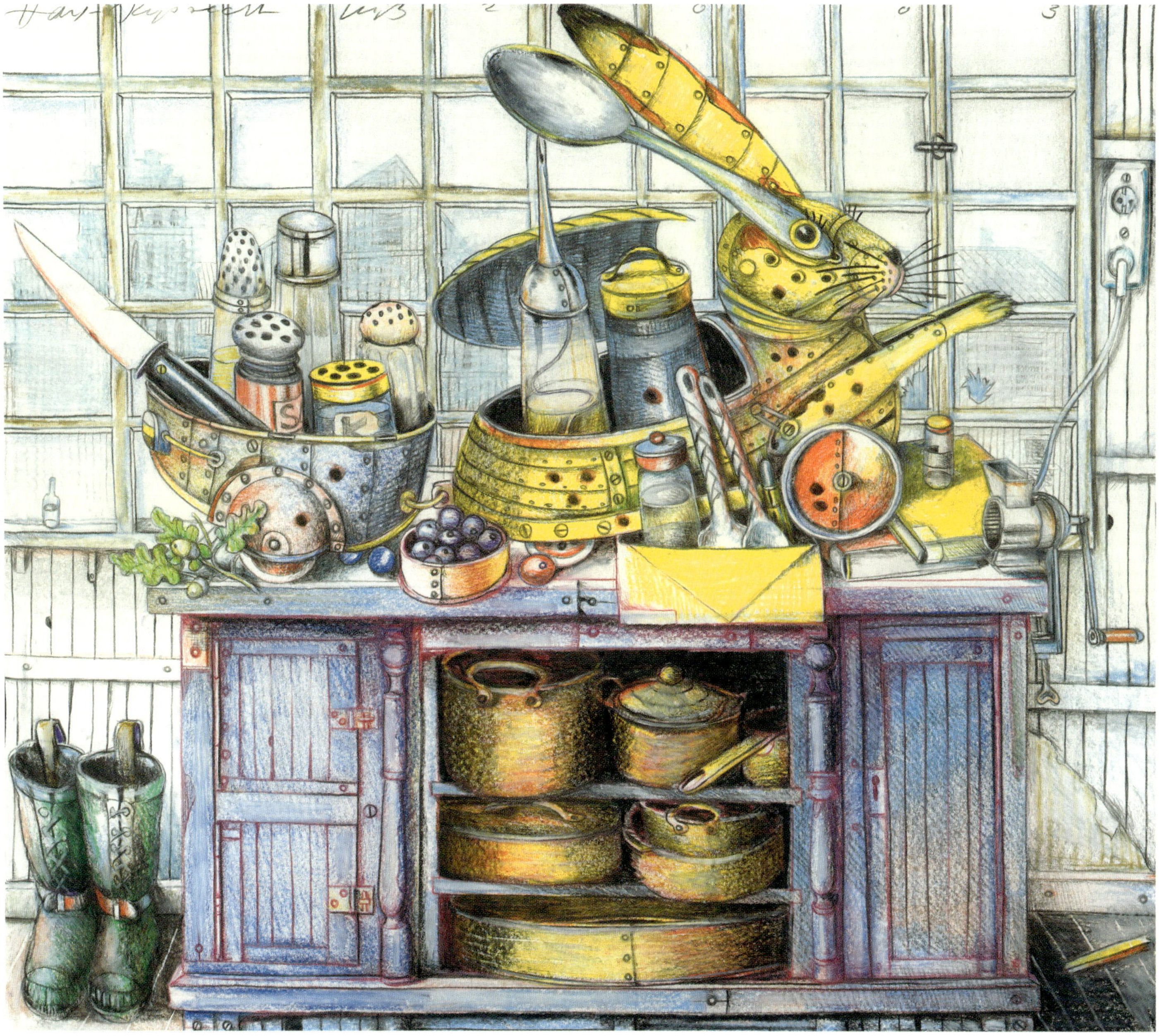

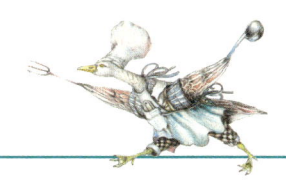

Hans-Ruprecht Leiß

Hans-Ruprecht Leiß hat sein ganzes Leben mit beiden Füßen im Salzwasser verbracht, mit einem Zeichenstift hinter dem Ohr. So ungefähr die erste Hälfte im Ebbe- und Flutbereich der Nordsee, die bislang zweite an der Ostseeküste in Flensburg. 1954 ließ ihn ein freundliches Schicksal in der zauberhaften, gar nicht so grauen, kleinen nordfriesischen Hafenstadt Husum zur Welt kommen. Dort verlebte er eine ziemlich unbeschwerte Kindheit zwischen Krabben, Plattfischen, Heringen und Husumern. Einige für sein weiteres Dasein mitentscheidende Jahre verbrachte er mit dem Besuch des ehrwürdigen, uralten Hermann-Tast-Gymnasiums. Diese Sturm-und-Drang-Zeit endete 1975 mit dem Abitur. Der meerwassersüchtige Zeichner beschloss, seinem Element treu zu bleiben und zog 1977 nach Flensburg, um dort an der Pädagogischen Hochschule das Lehramt für die Kunsterziehung an Realschulen zu erlernen.

In den Jahren 1981 und 1985 bestand er die erforderlichen Examina, doch der Lehrerberuf konnte nur Zwischenstation sein. Die Lust zu zeichnen und zu malen war die weitaus stärkere Energie. Also verabschiedete er sich im selben Jahr von Lehramt und gesicherter Existenz, um freischaffender Künstler zu werden. Dem Seewasser ist er bis heute treu geblieben und lebt mit seiner Familie in der schönen alten Hafenstadt Flensburg an der nach ihr benannten Förde.

Die lebenslange Sympathie des passionierten Fischers für die grüne Zunft hat in letzter Zeit mehr und mehr an Gewicht gewonnen. Seine ambitionierte Beschäftigung mit Wild- und Waidwerk findet ihren ersten Ausdruck in dem vorliegenden Wild-Kunst-Kochbuch.

Hans-Ruprecht Leiß har tilbragt hele sit liv med fødderne i saltvandet og en tegnestift bag øret. Den første halvdel ved vesterhavet, hvor ebbe og flod præger dagligdagen, den anden halvdel i Flensborg, ved Østersøens kyst. I 1954 lod en venlig skæbne ham komme til verden i den fortryllende og slet ikke så grå, lille nordfrisiske havneby, Husum. Der tilbragte han en temmelig ubesværet barndom mellem rejer, fladfisk, sild og Husumere. Nogle afgørende år oplevede han, da han gik på det ærværdige, ældgamle Hermann-Tast-Gymnasium. Denne „Sturm-und-Drang-Zeit" endte i 1975 med studentereksamen.

Kunstneren, som i den grad længtes efter havvandet, besluttede at blive sit element tro og flyttede i 1977 til Flensborg, for at læse på seminarium til realskolelærer i billedkunst. I 1981 og 1985 tog han de to afgørende eksaminer, men lærerkaldet endte med at blive en mellemstation. Lysten til at tegne og male havde en stærkere tiltrækningskraft. Derfor tog han det samme år afsked med lærerembedet og en sikker eksistens for at blive free-lance kunstner. Indtil i dag er han forblevet havet tro og lever sammen med sin familie i den dejlige, gamle havneby Flensborg ved den smukke Flensborg Fjord.

Den livslange sympati af den passionerede fisker for det grönne lav har i den sidste tid faaet mere og mere vægt. Hans ambitionerede beskäftigelse med vildt- og jagtvärk finder sit förste udtryk i den foreliggende vildt-kunst-kogebog.

Christian Bind

Allerede som ganske lille nød jeg at sidde og "kigge på", når min mor håndterede potter og pander i køkkenet hjemme i Frankrig. Efterhånden som jeg voksede op, fik jeg lov til at hjælpe med middagen. Dengang - som nu - dyrkede vi næsten alting selv. Min far tog sig af vores store vinmarker, samt fremstilling af vinen. Vi avlede selv alle vores urter, grønsager, fjerkræ, kaniner og duer. Den store interesse for mad resulterede i, at jeg besluttede mig for en uddannelse som kok. Jeg kom i lære hos brødrene Haeberlin i Alsace. Efter 4 års læretid tog jeg 1 år til "Charles Barrier" i Tours (i nærheden af Paris), hvorefter jeg aftjente min værnepligt som privat kok hos en general. Så fik jeg lyst til at rejse. Mit første stop hed Danmark. Stedet hed "Falsled Kro" på Fyn. Efter 1 år ville jeg egentlig videre, men så lærte jeg min kone Pia at kende, som var receptionist, og det resulterede i yderligere 12 år på "Falsled Kro". I denne periode rejste jeg tit til Frankrig og arbejdede bl.a. hos brødrene Troigros i Roanne, Alain Chapel i Minoay samt Jöel Robuchon i Paris. I 1989 startede jeg restauranten "Chez Paul" i Flensborg, hvor jeg i løbet af 1 år opnåede 1 stjerne i den berømte "Michelin Guide". Nu glæder det mig utroligt at forkæle vores gæster på "Fakkelgaarden". Jeg har selvfølgelig medbragt en masse af Frankrigs stolte madtraditioner og kombinerer dem bl.a. med nye ideer og gode danske råvarer.

Schon als kleines Kind genoss ich es, meiner Mutter beim Hantieren mit Kochtöpfen in unserer Küche in Frankreich zuzuschauen. Als ich dann größer wurde, durfte ich beim Zubereiten des Essens helfen. Damals – wie auch jetzt – bauten wir fast alles selber an. Mein Vater bewirtschaftete unsere großen Weinfelder und stellte auch selber den Wein her. Wir züchteten unsere eigenen Kräuter, Gemüse, Geflügel, Kaninchen und Tauben. Mein großes Interesse am Kochen bewirkte, dass ich eine Kochlehre bei den Brüdern Haeberlin im Elsaß antrat. Nach vier Jahren Lehrzeit ging ich ein Jahr zu "Charles Barrier" in Tours. Danach absolvierte ich meinen Wehrdienst als privater Koch bei einem General. Sodann packte mich die Reiselust. Mein erstes Ziel hieß "Falsled Kro" auf Fünen in Dänemark. Nach einem Jahr wollte ich eigentlich weiterziehen, doch dann lernte ich meine Frau Pia kennen, die Rezeptionistin im "Falsled Kro" war. Das Resultat war, dass wir weitere 12 Jahre dort blieben. In dieser Periode reiste ich oft nach Frankreich und arbeitete u.a. bei den Brüdern Troigros i Roanne, bei Alain Chapel in Minoay und bei Jöel Robuchon in Paris. Im Jahre 1989 eröffnete ich das Restaurant "Chez Paul" in Flensburg. Bereits im ersten Jahr bekam ich einen der berühmten Sterne im "Michelin Guide". Jetzt freut es mich sehr, unsere Gäste in "Fakkelgaarden" verwöhnen zu können.

Über die Passion

Die Passion schläft nie. Irgendwo in der Seele ist sie ständig in Spannung; jederzeit bereit, auf den geringsten Schlüsselreiz hin loszuschnellen. Eine kleine Feder aus härtestem, elastischem Stahl. Sie treibt das ganze Werk zur Höchstleistung. Ihr obsessives Ziel ist die direkte Erlangung des Begehrten. Ihr Feind ist der Kleinmut, die scheinbare Unmöglichkeit.
Die Passion kommt daher im Tarnmäntelchen des Spielerischen, des Beiläufigen. Sie wächst im Schlaglicht der sich bietenden Gelegenheit, ist das alles überdeckende Wesensmerkmal des ambitionierten Liebhabers. Sie steigert und stemmt sich auch an den höchsten Hindernissen empor. Aufregung, Enthusiasmus und atemlose Begeisterung sind ihre Geschwister. Kein Feld des Lebens ist vor ihr sicher. Irgendwo im Dschungel der Gene liegt sie bereit, geweckt zu werden.
Sie verbündet sich mit der Liebe, dem Mut und der Ausdauer, um uns zu lenken und weiterzutragen.
Sie treibt uns an, die geliebte und begehrte Beute zu erjagen, sie zu bewundern und zu ehren. Sie heimzutragen, zu bereiten, mit der Familie, den Freunden und Gleichgesinnten zu genießen, ist das ursprüngliche Ziel und die Erlösung.
Passion ist das Selbstverständliche und macht das Leben lebenswert.

Hans-Ruprecht Leiß

Om passionen

Passionen sover aldrig. Nogetsteds i sjælen er den bestandig i spänning, altid parat til at fare løs på den mindste pirring. En lille fjeder af den hårdeste, elastiske stål. Passionen driver värket til topform. Dens besættende mål er den direkte opnåelse af det begærede. Dens fjende er forsagthed, den tilsyneladende umulighed. Den fremgår som et kamufleret legeværk og tilfældighed. Den vokser i slyset af den sig bydende lejlighed, den er det alt overdækkende karakteristiske træk hos den ambitionerede liebhaver.
Passionen forhøjer og stemmer stemmer sig også op mod de største forhindringer. Entusiasme og åndesløs begejstring er dens søstre.
Intet livsfelt er i sikkerhed for dens tiltag. Et eller andet sted i genernes jungle ligger den parat til at blive vækket.
Den allierer sig med kærlighed, med mod og udholdenhed, for at lede og bære os videre.
Passionen driver os til at jage det elskede og begærede bytte, til at beundre og ære det. Til at tage det med hjem, tilberede det, med familien, venner og ligesindede at nyde det er det oprindelige mål og forløsning. Passionen er det selvfolgelige og gør livet verd af leve.

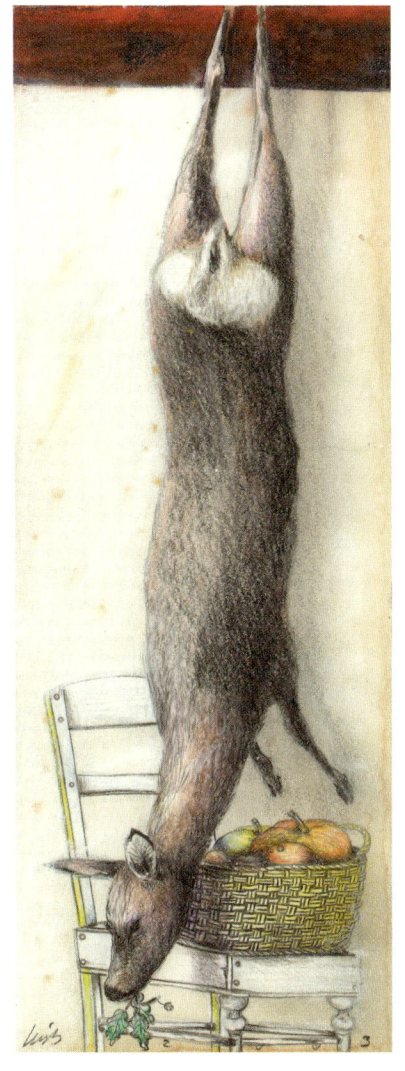

Eigene Rezepte und geschmackliche Inspirationen

Eigene Rezepte und geschmackliche Inspirationen

Eigene Rezepte und geschmackliche Inspirationen

Eigene Rezepte und geschmackliche Inspirationen

Eigene Rezepte und geschmackliche Inspirationen

Eigene Rezepte und geschmackliche Inspirationen

Die Bilder   Billederne

S. 7	Großes Besteck	Stort bestik
S. 9	Kleiner Überfall	Lille overfald
S. 10/11	Langhirsch	Langhjort
S. 14	Rasenstück	Plænestykke
S. 16/17	Geliebte Utensilien	Elskede rekvisitter
S. 19	Ballettchen	Lille ballet
S. 20/21	Freuden der Jagd	Jagtens glæder
S. 23	Moorhühner	Skønne mosehøns
S. 24	Herbstliches Tableau	Efterårstableau
S. 26/27	Jagdgesellschaft	Jagtselskab
S. 31	Kleiner Jagdausflug	Lille jagtudflugt
S. 35	Hasenritt	Harensridt
S. 36	Kleines Besteck	Lille bestik
S. 39	Schneegestöber	Snefog
S. 43	Schmalzbacke Koch	Fedtkindet kok
S. 44	Russische Erinnerungen	Russiske erindringer
S. 46/47	Der große Fasan	Den store fasan
S. 50	Kamingespräch	Kamin samtale
S. 53	Röhrender Hirsch	Brølende Kronhjort
S. 54	Trüffelhasenfisch	Trøffelharefisk
S. 57	Waidmanns Heil	God jagt
S. 60/61	Im Röhricht	I rørkrattet
S. 64/65	Kalter Morgen	Kold morgen
S. 69	Küchenkrimskrams	Køkkenkrimskrams
S. 70	Kleiner Jäger	Lille Jæger
S. 71	Kleiner Koch	Lille Kok
S. 72	Auf, auf, zum fröhlichen Jagen	Afsted, afsted, til fornøjet jagt
S. 80	Stillleben	Stilleben

80

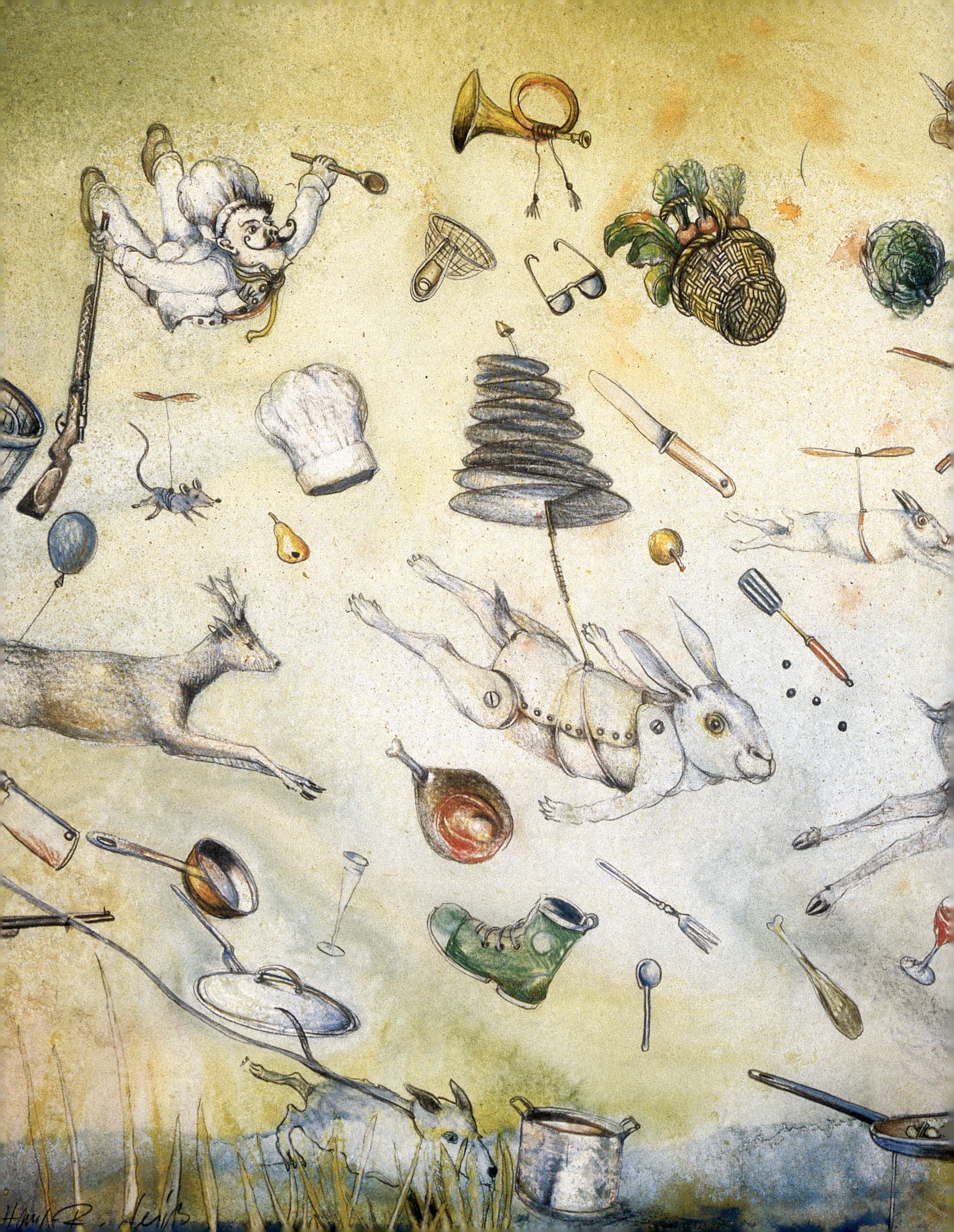